أنا؟ إني تقولون من

أنا إني تقولون من

حديث صحفي مع

ابن الله الوحيد

داني كليفورد

داني كليفورد

أنا؟ إني تقولون من

مقابلة حميمية مع إبن الله الوحيد
للمؤلف
داني كليفورد
الناشر
داني وميتشيل كليفورد وخدمة القلب والنفس
حقوق النشر محفوظة 2018 ل داني وميتشيل كليفورد (خدمة القلب والنفس)
يضمن المؤلف أن كل المحتويات أصلية وأنه لم يتعد على حقوق الملكية الفكرية لأي عمل أو شخص
يمكن إستخدام أجزاء من هذا الكتاب أو إعادة إنتاجها بتصريح رسمي من المؤلف أو الناشر داني وميتشيل كليفورد.
تواصل معنا عبر
Paperback ISBN Number: 978-0-9972888-3-4

التصميم والتنفيذ الداخلي للكتاب: داني كليفورد
تصميم الغلاف من: أجوس ريانتو
الداخلية تنسيقات: داني كليفورد

داني كليفورد

مقدمة المراجع

حلم كل صحفي هو أن يقوم بحوار صحفي مع نجم شهير أو سياسي قدير، خاصة عندما يكون حول هذه الشخصية الكثير من الجدل الذي خلقته أفعال هذا الشخص.

قام مراسل البي بي سي ديفيد فروست بعمل حوار صحفي مع ريتشارد نيكسون مباشرة بعد أن تم تنصيبه كرئيس للولايات المتحدة الأمريكية. أذيعت هذه المقابلة على قنوات التلفيزيون في العالم كله، وكسبت بعض من أعلى التقييمات على مستوى تاريخ عروض الأخبار.

من بعض المقابلات الصحفية الأخرى التي تنتمي لهذه الفئة هي مقابلة باربرا والتر مع مونيكا لوينسكي بخصوص علاقتها مع الرئيس بيل كلينتون، ومؤخرا حوار دياني سواير مع بروس جينر قبيل تحويل هذا البطل الأوليمبي جنسه من ذكر إلى أنثى.

لكن، هنا، في كتاب داني كليفورد، من تقولون إني أنا؟ نواجه أكثر الصحفيين حظا في تاريخ العالم. وذلك بفضل حواره الصحفي مع إنسان ليس عاديا لكنه ابن الله الوحيد بنفسه - يسوع المسيح.

يدفع الإسلوب الجذاب لكليفورد القاريء إلى الإنغماس أكثر فأكثر في القراءة، حتى أصبح الكتاب نوعا من الفرص التي أتيحت ليسوع المسيح ليوضح في لغة سهلة يفهمها رجل الشارع العادي "دعني أشرح ماذا حدث خلف الستار وأجعل كل شيء واضحا" وليوضح أكثر الأشياء الغامضة عبر التاريخ وهي: حياته ومهمته.

سوف يستمتع المسيحيون حول العالم بهذه المقابلة الساحرة المتخيلة مع أكثر الأشخاص الذين عاشوا على كوكب الأرض تأثيرا في التاريخ.

المراجع

فرانك كريسين

داني كليفورد

مقدمة المترجم

أشكر الله أنه جعلني أهلا أن أترجم كتابا عظيما هكذا. أشكره لأنه جعلني مستحقا أن أعمل في كرمه وأن أعمل شيئا قد ينفع الكثيرين، أصلي من كل قلبي أن يفيدك هذا الكتاب عزيزي القاريء ويكون سبب بركة لك ولعائلتك ولجميع من تتعامل معهم.

إخترت عندما كانت تقابلني آيات من الكتاب المقدس أن أترجمها بنفسي ولا أنسخ الآيات المقابلة لها في النسخ العربية من الأسفار المقدسة لاسيما نسخة الفانديك Van Dyke المتداولة بين معظم قارئي الإنجيل باللغة العربية. لقد لاحظت في الكتب المسيحية المترجمة أن المترجم يستخدم كلماته الخاصة أحيانا خاصة إن لم تكن الآيات مقرونة بالشواهد كما أتت أحيانا في هذا الكتاب، أو إن لم تكن الترجمة الإنجليزية المستخدمة في الكتاب الأصلي هي نسخة الملك جيمس King James Version (KJV) وهو ما لاحظته أيضا في هذا الكتاب، حيث إستخدم المؤلف في أحيان كثيرة آيات من النسخة الإنجليزية New International Version (NIV) لذلك قررت أن أترجم كل الآيات بنفسي إلا في مواضع قليلة جدا بالكتاب حيث وجدت بعض الآيات الصعبة والتي لم أفهمها تماما، حيث آثرت السلامة ونقلتها نقلا من الكتاب المقدس – نسخة الفاندايك لدي.

إخترت أيضا أن أستخدم لغة بسيطة سهلة الفهم، حتى يفهمها كل القراء المحتملين، ولا يتعبوا معي في قراءة وفهم الكلمات الأدبية الرصينة أو ذات المعاني الصعبة، التي قد يلجأ إليها بعض المترجمون ليظهروا مدى براعتهم في إستخدام لغتهم الأم.

إخترت أيضا أن أترجم كل شيء بدقة وأمانة شديدتين، حيث لم أغير شيء في أي صفحة من صفحات الكتاب، رغم أن بعض الأفكار من التي وردت قد تكون مثيرة للجدل بالنسبة للكثيرين، مثل الكنيسة الأرثوذكسية التي أنتمي إليها، أو أخوتي المسلمين في العموم. هذه الأمانة ليست وليدة اليوم، أو لأني أترجم كتابا دينيا، لا، بل منذ بدأت أن أمتهن الترجمة، وقد أخذت عهدا على نفسي ألا أغير أي شيء فيما أترجمه حتى لو كان يعود علي بالضرر، وإلا فلا أقبل ترجمته من الأساس.

أود فقط أن أخبرك عزيزي القاريء إني إستمتعت جدا بترجمة هذا الكتاب، وأولا بقراءته، فهو قد أزاد من معلوماتي مثلا عما سيحدث في الأيام الأخيرة، وأفرحني جدا التعزيات الموجودة به بخصوص مكافئات الأبرار أمام كرسي المسيح العظيم في الدينونة الأولى.

أشكر الله ثانية على محبته لي وإتاحته الفرصة لي لأترجم هذا الكتاب والكتب الأخرى للمؤلف داني كليفورد عن قريب بمشيئة الرب. وأشكر أيضا المؤلف على ثقته بي وإتاحة هذه الفرصة لي أيضا.

داني كليفورد

أهدي هذه الترجمة إلى خطيبتي التي لطالما شجعتني على إتمام الترجمة بينما كنت أعاني من المشغوليات والفتور..
المترجم: محب روفائيل

شكر وتقدير

أقدم شكري للحراس الساهرين وموظفي الدعم الذين خدمت معهم في مخيم بوندستيل، تلك القاعدة العسكرية التابعة للولايات المتحدة الواقعة في دولة كوسوفو. فأنا عملت لصالح شركة مدنية تعمل في مجال أمن قوات الحماية كجندي مسلح ومشرف على موظفي جيش الولايات المتحدة الأمريكية وموظفي جيوش بعض الدول الأوروبية الأخرى الواقعة في مخيم بوندستيل.

أقدم شكري ودعواتي لله بمباركتكم يا مايكل أدكوك، كوري ألين، دانيل كليفورد الثاني، ميس جراهام، مايك جونز، كوري ليدبيتر، جيمس لي، أرفان ليتسوم - المشرف الأعلى للجنود، جرانت ليفريت، ثيو ماكشان، بريليانت بيتر، جوردون بولين، وصديقي المقرب جيروم تومبسون، وأخيرا، أقدم شكري الخاص للقس بوبي بيثيا من أجل صلواته وتعاليمه التي سمعتها بينما كنا نخدم معا في كوسوفو.

هؤلاء هم بعض الخراف التي أرسلني الله إليهم لأجدهم وأستعيدهم إلى حظيرة ملكوت الله. قدم كثير منهم حياته إلى يسوع، بينما كرس آخرون حيواتهم ليصبحوا تلاميذ للمسيح. لقد خرج هذا الكتاب للنور بواسطتكم كلكم وذلك عبر أسئلتكم ورغبتكم في البحث عن ومعرفة الإله الوحيد الحقيقي وإبنه يسوع.

شكري الخاص وتقديري إلى ابني داني كليفورد الثاني، والذي في منتصف ليلة السادس من سبتمبر العام 2014 قدم حياته إلى يسوع، ولزوجته أندريا، والتي قبلت يسوع أيضا كمخلص شخصي في نهاية فصل الصيف في عام 2014.

أحب أيضا أن أن أقدم شكري وتقديري إلى كارل لانجستون، وهو شاب غير الله حياته من سجين في عالم سجون الشيطان إلى رجل قدم حياته إلى يسوع ويختبر الآن كم هو رائع أن يكون لديك علاقة مع الله الآب.

لقد رأينا كيف سقط كارل وكيف نهض وكيف يتعلم الآن كم هو مهم أن تكون مطيعا لتعاليم يسوع. أشكر الله لأجل خلاص كارل ولأنه أصبح مطيعا لتوجيهات الله إليه. بينما أكتب هذا الكتاب، يواصل كارل تحقيق حلمه في أن يكون بطل ملاكمة، وفي يوم قريب، أؤمن أنه سيحقق تلك البطولة. مجدا للرب على خلاص كارل وتكريسه.

داني كليفورد

تقييمات على الكتاب

كتبت أنابيلا أيفانوفسكا:

لم أقرأ كتاب على الإطلاق عن الله قط، لذلك توقعت أنني لن أعجببهذا الكتاب، لكن في اللحظة التي بدأت فيها قراءته، أسرني بجاذبيته وأسرني إكتشاف إن جيلي يحتاج هذا الكتاب بشدة. ليس الأمر أننا نعتقد أن الله سيء أو أننا لا نحب الله. لا، ليس هذا هو السبب. لكن نحن نحتاج هذا الكتاب لأننا لم نتعلم الحق عن يسوع وعن الله، ببساطة، نحن ل نعرف من هو الإله الحقيقي على الإطلاق.

يؤمن معظم أصدقائي بما علمهم الناس إياه وفعلوا ما تم إخبارهم أن يعملوه، لكن يبدو أن لا شيء ينجح. فهم يشعرون بالوحدة، لا أمل لهم، وهم تائهين. لا يعرف معظمهم الله والحقيقة عن يسوع. فقد الآخرون إيمانهم وثقتهم بالله.

بعد قراءة هذا الكتاب، عرفت أن الله موجود قبل الخليقة، وعرفت الآن أن الله خلقنا لنحيا حياة رائعة وأنه لن ينسانا أبدا لأنه يحبنا، نحتاج أن يتم تعليمنا الحقيقة عن كيف نبحث عن ونجد الله من خلال إبنه يسوع. هذا الكتاب المعنون ب من تقولون أني أنا؟ يعلمنا الحق عن يسوع وعن أبيه، الله. يحتاج جيلي لقراءة هذا الكتاب.

أكثر جزء أحببته في هذا الكتاب هو عندما تكلم المؤلف عن النفوس. فهو تكلم عن موت الجسد، أما نفوسنا فستعيش للأبد. سبب محبتي الكبيرة لهذا الجزء هو أنني أنا وجيلي نؤمن أيضا أن نفوسنا ستعيش للأبد.

أعطاني هذا الكتاب فهما أكبر للخليقة ولماذا خلقنا كل من الله الآب ويسوع. لقد حفزني على الإيمان بيسوع وأن يكون لدي علاقة مع الله. لقد إكتشفت أن الشخص الذي اعطانا حياة هو الشخص الذي وهب حياته لنا. كل ما يجب علي فعله هو أن أؤمن به. هذا الكتاب جيد جدا. شكرا لك على كتابته لنا، سيد داني كليفورد.

أنابيلا أيفانوفسكا، 16 عام، من كومانوفو، مقدونيا.

كتب لاناي كليفورد:

من تقولون أني أن؟ مقابلة حميمية مع ابن الله الوحيد هو محادثة رائعة مع يسوع حيث يتشارك معنا حقيقة الطريق إلى حياة خالية من الخوف وهو الإيمان بهوية يسوع. الله هو خالق كل الكائنات، ونحن، كأولاده، يجب أن نحترم هذا وأن نجعل العالم مكانا أفضل وأكثر سلاما.

يحتاج جيلي هذا الكتاب لأننا لا نقدر الله ولا نحترمه الإحترام اللازم. كثير من أولاد جيلي لا يؤمنون بالله. نحن لا نعرف ولا نتأمل ولو للحظة في كم كان عالمنا رائعا وجميلا حينما خلقه

الله. نحن نشعر بالفراغ الداخلي، ونشعر بأنه ينقصنا شيء ما، يعلمنا هذا الكتاب ما ينقصنا وكيف نستقبله.

لقد أحببت هذا الكتاب حقا وأوصي به لكل الناس. فإنه يريك كيف تبحث عن الله لكي تتغير للأفضل، وذلك عن طريق السماح لله بأن يسكن فيك، النتيجة هي أنك ستبدأ حياة جديدة مرة أخرى وذلك عن طريق دخولك لحظيرة ملكوت الله. شكرا لك يا جدي، على مشاركتي طرق الله في هذا الكتاب، لقد أحببته وعرفت أنه سيساعد جيلي.

لاناي كليفورد، 13 عام، طالب من لندن، إنجلترا.

الإهداء

أهدي هذا الكتاب إلى زوجتي الجميلة وأعز أصدقائي، والتي بالصلوات والتشجيعات، والحب ساعدتني كثيرا بينما كنا بعيدين عن بعضنا البعض لمدة عام لكي أنفذ مهمة الله لي في كوسوفو. إستمديت من قوة ميتشيل وصلواتها الشجاعة للمرور عبر المعارك الروحية التي حاولت بها قوات الشيطان أن توقفنا وأن تجبرنا على التراجع.

في فبراير 2015، وبينما كنت في كوسوفو، أجرت ميتشيل عملية جراحية طبية لإزالة خلايا سرطانية. وكان على الأطباء إجراء عملية جراحية إضافية لإزالة الخلايا السرطانية المتبقية في العاشر من مارس 2015، وعندما بحثوا عن الخلايا المسرطنة لم يجدوا أي منها، لأن يسوع شفاها تماما من السرطان.

لقد باركني الله بإعطائي هذه الهدية العظيمة، هذه المرأة الجميلة والتي ظهرت في محنتي كلها كصخرة - حيث إنها إعتمدت على يسوع في الشفاء التام. زوجتي، أعز أصدقائي، وحبيبتي. أشكرك، أيها الرب يسوع، للسماح لي بأن أكون زوجا لميتشيل.

أحب أن أهدي هذا الكتاب أيضا لأحفادي وحفيداتي ترايسي، لاناي، براندون، وجابرييل-جيمس، والذي سوف يقرأه يوما ما وسيفهم المحبة والنعمة والرحمة اللاتي قدمهما يسوع والله أباه لهم، وسيؤمنون به وسيخدمونه.

داني كليفورد

المحتويات

الفصل الأول: ابن الله الوحيد
الفصل الثاني: في البدء
الفصل الثالث: خلق الإنسان
الفصل الرابع: سقوط البشرية
الفصل الخامس: سبب الحرب الروحية
الفصل السادس: ابن الله، ابن الإنسان
الفصل السابع: يسوع الناصري
الفصل الثامن: صُلب من أجلك
الفصل التاسع: أنا هو، أنا قلت
الفصل العاشر: ابن الله أو الله Allah ونبيه
الفصل الحادي عشر: بدء حياة جديدة، الإختيار لك
الفصل الثاني عشر: بعدما نموت، ماذا يأتي بعد؟
الفصل الثالث عشر: مكافئات المؤمنين
الفصل الرابع عشر: دينونة غير المؤمنين
كلمات المؤلف الختامية

داني كليفورد

الفصل الأول
ابن الله الوحيد

شخصية يسوع الناصري، بدون شك هي أكبر الشخصيات التي سببت أكثر الجدل على مستوى تاريخ العالم. ما يجعل شخصية يسوع مسببة للجدل والإنقسام هو عدم معرفة الناس وفهمهم لعلاقته بالجنس البشري وعلاقته بأبيه، الإله العلي الواحد الحقيقي.

يريد الناس حول العالم معرفة الحقيقة حول من هو يسوع فعلا. نحن نريد أن نعرف عن السماء وكيف نتحصل على حالتنا السماوية. نريد أن نعرف الحق حول الخليقة، الخطية، الشيطان، العالم الروحي، وكيف يجب علينا نحن البشر أن نتعامل مع الله. نريد أن نفهم لماذا يمر الجنس البشري عبر الكثير من الأشياء المؤلمة مثل المجاعات، الحروب، الضعفات، الأمراض، الهلاك، والموت.

لذلك، أتشرف اليوم بأن أقدم لكم رجلا فعل المستحيل مئات المرات. لقد ولد في بيت لحم في معلف بقر، بعيدا عن مظاهر المجد والخلود في السماء. ستجدوا صورة أمه أو تمثالها في كل كنيسة أرثوذكسية أو كاثوليكية في كل العالم. ألف أبوه الكتاب الذي بيع نسخ منه أكثر من أي كتاب آخر منذ بدء الزمان.

مشي هذا الرجل على الماء، حول الماء إلى خمر، أشبع 5000 رجلا جوعى بواسطة سمكتين وخمسة أرغفة وتبقى منهم 12 قفة من الطعام. لقد أقام كثير من أجساد الموتى إلى الحياة.

أقدم لكم ابن الإنسان، الذي قدم حياته لكم ولي، لقد قام من مقبرة الموت إلى الحياة، ولن يموت فيما بعد. بدلا من ذلك، صعد إلى السماوات، حيث يجلس الآن في عرش أبيه. رحبوا من فضلكم بكل قلوبكم وعقولكم بيسوع الناصري، ابن الله، وإسمعوا لأجوبته لأسئلتكم الكثيرة في تلك المقابلة الحميمية.

الصحفي:
متى ظهرت في الوجود ك ابن الله؟

يسوع:
برغم أن عادة ما يقول المسيحيون أنني ابن الله، فقط قليل منهم يؤمن بالحقائق الأكثر أهمية عني. لقد كنت موجودا ك ابن الله قبل أن أولد في الجسد بفترة طويلة ك ابن للإنسان عبر ميلادي العذراوي من مريم منذ أكثر من ألفي عام.
أبي الله هو الإله الحقيقي الوحيد وهو المصدر الوحيد لكل الأشياء. لقد خرج كل شيء منه، بما فيهم أنا. أنا حرفيا هو الابن الروحي لأبي الروحي الله عبر الولادة الروحية.
أنا فريد في أنني كنت موجودا قبل كل الخليقة، ففي سفر الأمثال يقول الكتاب المقدس: "إقتناني الرب في البدء، قبل أن يخلق أي شيء آخر. منذ عصور مضت، أنا هو. لقد وجدت قبل تكوين الأرض. وقد عشت قبل أن تخلق المحيطات، قبل أن تنفجر ينابيع الغمر في الأرض، قبل أن تصنع الجبال والتلال.
نعم، لقد ولدت من الله قبل خلق الأرض والحقول وقبل خلق ذرات التربة. لقد كنت هناك عندما أسس الله السموات وعندما خلق الينابيع العظيمة في أعماق المحيطات. كنت هناك عندما وضع حدودا للبحار وأعطاها توجيهات ألا تتخطى حدودها. لقد كنت هناك عندما صنع نموذج الأرض والمحيطات، لقد كنت الصانع الماهر بجانبه. لقد كنت سروره الدائم، أفرح دائما في حضرته." (الأمثال 8:22-30)

الصحفي:
يسوع، هلا شرحت لنا معنى "ابن الله الوحيد"؟

يسوع:
يمكن مقارنة ولادتي الروحية بولادة إسحق الجسدية من ابراهيم وسارة. ولد إسحق كالإبن الثاني، ولد لإبراهيم بعد ولادة إسماعيل ب 14 عاما. برغم ذلك، كان إسحق الإبن الوحيد لإبراهيم أبيه، لأنه كان الإبن الوحيد الذي وعد به أبي إبراهيم أباه.
أرأيت، ولد إسحق حسب الروح، ليس مثل الإبن الأول، إسماعيل، الذي ولد حسب خطة سارة. فهي قد رتبت أن تحبل جاريتها المصرية هاجر من إبراهيم لأنها كانت تكبر في السن لدرجة تمنعها من ولادة الأطفال.
(غلاطية 4:28-31 وتكوبن الإصحاحين 16 و 17)

تكلم أبي إلى إبراهيم عندما كان عمر إسماعيل 13 عاما وأخبره أنه سيبارك سارة وسيعطيه من خلالها ولدا! سأباركها جدا، وسوف تصبح أما لأمم عديدة. سوف يصبح ملوك أمم من أحفادها. إنحنى إبراهيم إلى الأرض وضحك لنفسه في عدم تصديق. وفكر قائلا "كيف يمكن أن أصبح أبا في عمر المئة؟ وكيف لسارة أن تحبل وتلد طفلا في عمر التسعين عاما؟"
طلب إبراهيم من أبي "ليت إسماعيل يعيش تحت رعايتك الخاصة!" أخبر أبي إبراهيم "لا، فسارة زوجتك ستلد إبنا لك. وستدعونه إسحق، وسأجدد عهدي معه ومع أولاده كعهد أبدي. أما إسماعيل، فسأباركه هو أيضا، كما طلبت. سأجعله مثمرا جدا وسأكثر من نسله، سوف يصبح أبا لإثنى عشر أميرا، وسأجعله أمة عظيمة. لكن سأحقق عهدي مع إسحق، والذي سوف يولد لك ولسارة مثل هذا الوقت السنة المقبلة" (تكوين 17)
لذلك، فكما كان اسحق هو الإبن الوحيد لأبيه إبراهيم، كذلك أنا أيضا الإبن الوحيد لأبي، الله.
كما كانت بذور إسحق في جسد أبيه إبراهيم قبل أن يولد، هكذا بذوري الروحية كانت في الله أبي الروحي قبل أن أولد. بالطبع، يكمن الإختلاف بين ولادتي وولادة إسحق في أن إبراهيم كان بحاجة لزوجة من جنس البشر، سارة، لكي يولد إسحق، لكن أبي هو روح، ليس إنسانا، وبالتالي لم يكن في حاجة لزوجة روحية لكي أولد منه روحيا (يوحنا 4:24)
يقصد بكلمة "الوحيد" ما انتواه الله ووعد به. أنا الإبن الوحيد الممسوح من الله، وإسحق كان الإبن الوحيد الممسوح به لإبراهيم. هذا هو ما نواه الله ووعد به.

الصحفي:
يسوع، يتحير بعض الناس مع إدعاءاتك إنك ابن الله، وابن الإنسان، وأيضا الله. هلا يمكنك المساعدة في تلافي هذا الإلتباس؟ هل أنت حقا ابن الله و الله؟

يسوع:
دعني أبدأ الإجابة عن سؤالك الثلاثي بالإجابة عن جزئية "ابن الله." كما شرحت، أنا هو الإبن الوحيد المولود من أبي الروحي، الله، هذا يجعل مني ابن الله.
والآن دعني أجب عن الجزء الثاني من سؤالك - والذي لم يتم شرحه بصورة جيدة، تاركا كثير من الناس حيرى، متشككين، ومرتبكين. السؤال هو "كيف من الممكن بالنسبة لي أن أكون صورة الله في الجسد؟"
عندما ولدت حسب الجسد من أمي مريم، والتي حبلت بصورة فائقة للطبيعة من قبل روح أبي القدوس، ولدت في الجسد كابن الله الوحيد. لذلك فأنا صورة الله في الجسد، لكن فقط كالله الإبن. أنا إله متميز لكن متحد بالله، ومطيع دوما لأبي، والذي هة الإله المتعالي الواحد الحقيقي.

أبي كلي المعرفة، بمعنى أنه غير محدود في معرفته، في إدراكه، وفي فهمه. فهو يدرك كل الأشياء.
هو أيضا سرمدي، بمعنى أنه حاضر في كل الأمكنة في كل الأزمنة.
الله، أبي، كلي العظمة. فقد دعي "الإله المتعالي" بفضل قوته، وسلطانه وقدراته الغير محدودة.
أبي روح، وقد أوجدني على صورته تماما. أنا روح، وقد ورثت كل خواصه وصاته. فأنا - مثل أبي - خالد، قدوس، صالح، محب، عادل، منعم، رحيم، مسامح، والكثير الكثير من الصفات الجميلة.
مع ذلك، فأنا لست إلها مساويا لأبي. لأن أبي دوما أعظم مني، كما أنني أجلس عن يمينه على عروشنا السماوية.
لقد وضع أبي كل شيء تحت قدمي. فالأن عندما أقول "كل شيء" تحت قدمي، هذا لا يتضمن بالطبع الله أبي. نحن نعمل معا في توافق تام. أنا خاضع لأبي، ودوما مطيع ومنفذ لمشيئته.
بإختصار سأجيبك عن الجزء الثالث والأخير من سؤالك، "كيف ولماذا أصبحت ابن الإنسان؟"
لم يفهم الشعب اليهودي كيف أكون أنا المسيح، فـلأنني تربيت في الناصرة، إفترضوا هم أنني ولدت في الناصرة. هم أيضا إعتقدوا أن خطيب أمي يوسف البار كان أبي الحقيقي. لذلك أشار عليّ البعض بأنني "ابن الإنسان" قائلين بأنه من المستحيل أن أكون المسيح، لأنني كنت "ابن الإنسان".
مع ذلك، دعاني الكثيرون "ابن الإنسان" و "ابن الله". وبذلك، كانوا يظهرون الإحترام لي، كابن الله الوحيد الذي أرسله الله إلى الأرض لكي يولد كإنسان "ابن الإنسان". حسب الناحية البشرية، فأنا أخوكم.
أصبحت أعرف بالكلمة. لقد كنت مع الله أبي منذ البداية وقد كنت الكلمة، والكلمة هو الله. لقد كنت موجودا بالفعل عندما خلقتم.
ومن ثم، تجسدت أنا - الكلمة، ابن الإنسان وابن الله وإستقريت بينكم. أنا الله في الجسد فقط كالله الابن، أرسلت حتى أصبح ابن الإنسان.
كل شيء خلقه الله أبي خلق بواسطتي. لقد أعطيت الحياة لكل شيء تم خلقه، وجلبت حياتي النور لكل الناس. يوحنا 1: 1-4
عندما أراد أبي لشيء أن يتحقق، فقد أصبح هذا إرادته.
ما أراده الله أبي، تكلمت به أنا الكلمة، وعندما يتكلم الكلمة، يأتي دور الروح القدس الذي يحقق إرادة أبي.

فقط لتلخيص السؤال، "هل أنا الله في الجسد؟"

نعم، أنا صورة الله في الجسد. أنا الكلمة الذي أصبح جسدا وحل بينكم. سر أبي، الذي هو غير مرئي للأعين الفانية، أن يحل بكل ملئه فيّ ومن خلالي، حتى يستعيد لذاته كل الأشياء، سواء الأشياء التي في الأرض أو تلك التي في السماء، عبر صنع السلام من خلال دمي، الذي تم سفكه على الصليب، من أجلكم.

إن رأيتموني، فقد رأيتم أبي وسمعتموه يتكلم من خلالي.

يحبكم أبي للدرجة التي جعلته يرسلني، حتى أنه كل من يؤمن بي ويطيع تعاليمي سوف ينال الحياة الأبدية ويعيش للأبد معنا.

أما الذين يرفضون أن يؤمنوا بي وبعملي، كابن الله، فسوف يموتون في خطاياهم، ملعونين للأبد من قبل أبي، لأنهم رفضوني.

شكرا لك على سؤالك هذا السؤال الثلاثي. إنه لمن المهم أن تفهم كيف أنه كان لي بداية كابن الله. مع ذلك فأبي ليس له بداية، لقد كان موجودا منذ الأزل.

داني كليفورد

الفصل الثاني
في البدء

الصحفي:
يسوع، أحب أن أغير الموضوع قليلا وأسألك عن الخليقة. هلا تشرح لنا الحقيقة عن خلق الشيطان والملائكة الشريرة الساقطة؟ ولماذا وكيف حدث هذا؟

يسوع:
نعم، سأحكي من البداية، وعندما أقول البداية فأنا أقصد بدء الخليقة.
بعد أن ولدني أبي روحيا، لكن قبل أن نخلق الخليقة، شرح أبي لي خطته المفصلة للخليقة - كيف ولماذا سيحقق رؤيته عن الملائكة في الأماكن السماوية. كانت خطة أبي تتضمن أيضا خلق الكون والكائنات البشرية، والذين سوف يصبحون أبناء وبنات لأبي، ممثلين عنا على الكوكب الذي سوف نخلقه لهم، الأرض.
لذلك، كابن الله، ورثت عن أبي كل قدرات أبي في الخلق. فقد تم خلق كل شيء في الكون كله، كل الكائنات الحية والغير حية، تم خلقها من قبل أبي من خلالي. فقد خلق الله كل شيء عن طريقي.
عندما خلقنا أنا وأبي الملائكة، خلقناهم ككائنات روحية لها ذكاء، عواطف وإرادة. لقد خلقنا كل الملائكة قديسيم وصالحين، بأشكال، أحجام، أسماء، ومسئوليات متعددة. يعيشون معنا في أعالي السماويات، متعبدين ومستمتعين بكونهم حول عروشنا أبي وأنا.
لقد وضعنا واحدا من الملائكة الشاروبيم الذين خلقناهم في مكان عالي بجانب العرش الذي يحكم الكون بأكمله ودعوناه لوسيفر. لقد خلقنا لوسيفر كنموذج الكمال، مملوء بالحكمة ومتميز بالجمال. لقد كان متزينا بكل حجر كريم صنع من أجله وأيضا بالذهب الرائع. لقد أعطيناه كل هذا اليوم الذي خلقناه فيه.

لقد قلدناه رتبته وعيناه كأعظم ملاك حارس. كان لديه صلاحية الدخول للجبل المقدس، وتمشى بين حجارة النار. لقد كان لوسيفر بلا لوم في كل ذلك إلى أن وصل اليوم الذي وجد الشر فيه.
لقد كان كل شيء خلقناه أنا وأبي في السماويات، متضمنا الكائنات الملائكية، كان مقدسا، صالحا، وجيدا، حتى وجد الشر في لوسيفر.
لقد تسبب فخر لوسيفر بنفسه أن يخطط لكي يرتفع في السماويات ويجعل عرشه فوق كواكب الله.
لقد قبل لوسيفر هذه الخطة في قلبه:
سأرتفع إلى السماويات،
سأرفع عرشي فوق كواكب الله،
سوف أتربع على عرش جبل العظمة، في أعالي جبل صهيون.
سأرتفع فوق أعالي السحب.
سوف أجعل نفسي مثل العلي.
بعدما خلقنا الأرض، لكن قبل أن نخلق الكائنات البشرية، سيطر الكبرياء على لوسيفر. كانت خطته تتمثل في أن يقود ثلث ملائكة السماء في هجوم كلي لكي يحكم كل شيء عن طريق السيطرة الغاصبة لعرش أبي.
أصبح لوسيفر وأتباعه من الملائكة الذين إختاروا ألا يطيعوا هيكلنا في الخليقة عبر إغتصاب عرش أبي، أصبحوا ملائكة أشرار وخطاة، على الضد تماما من الله ومني. لأن أبي وأنا قدوسين. إنه من غير الممكن لنا أن نتواجد مع الشر.
لذلك حدثت حرب في السماء. حيث خرج ميخائيل رئيس الملائكة مع ملائكته في معركة ضد التنين الأحمر وملائكته. هزم لوسيفر وملائكته الأشرار، ولم يتح لهم فيما بعد التواجد في السماء.
طرد لوسيفر من السماء، هو والملائكة الأشرار الخطاة الذين دعموه في تمرده ضد الله، لقد تم نفيهم حرفيا من عرش الله. لقد هبطوا إلى كوكب الأرض. حيث أقاموا في الأرض وفي الغلاف الجوي السماوي المحيط بالأرض، تنفيذا لأمر خرج مني ومن أبي.
عندما نفي لوسيفر من السماء إلى الأرض، لم يظل يدعي "لوسيفر" فيما بعد. فقد أصبح المشتكي والمخادع لكل البشرية. تغير إسمه. تلك الحية القديمة أصبح يدعى بأسماء أخرى متعددة، مثل الحية، الشيطان، والذي يعني "المشتكي"، والشرير. حدث هذا كله قبل خلق البشرية.

الصحفي:
لقد أخبرتنا أنك أنت والآب قد خلقتما لوسيفر. فعند خلق لوسيفر، يبدو أن الله خلق الشر، صحيح؟

يسوع:

أنا؟ إني تقولون من

لا، فأبي غير قادر على خلق الشر. أبي وأنا قادران فقط على خلق الخير. عندما خلقنا الأرض، خلقنا كل شيء عليها خيرا.
لقد خلقنا لوسيفر كنموذج للكمال، مليء بالحكمة، صالح، قديس، وبإرادة حرة للاختيار. أوجد لوسيفر الشر في قلبه وهذا أدى إلى ولادة المزيد من الشر. هو أساس الشر.
حدثت حرب في السماء بين الخير والشر. هُزم الشر، لذلك طردنا لوسيفر وملائكته الشريرة من السماء الى الأرض. في تلك اللحظة، كل من الخير والشر - الشيطان - وجدا في الأرض.

داني كليفورد

الفصل الثالث
خلق الانسان

الصحفي:
شكرا لك يسوع على شرحك. لقد كان شائقا!
أريد أن أنتقل الى موضوع خلق الكائنات البشرية. كيف خلق الله الكائنات البشرية؟

يسوع:
أبي وأنا روح، لذلك خلقنا الانسان ليكونوا على مثالنا، على صورتنا. لقد خلقنا جسدا لحمي من تراب الأرض، قديس وصالح، وقد نفخنا في أنفه نسمة الحياة، واضعين جزء منا في البشرية. في تلك اللحظة، أصبح الانسان، آدم، روحا له نفس.
لقد خُلقتم بنفس أعدت منذ بدء الخليقة لكي تعيش للأبد. لقد أعطيناكم روحنا القدوس، في بدء الخليقة، لكي نتواصل معكم ونرشدكم، وذلك من خلال الروح الذي وضعناه فيكم.
بعد ذلك، أخذنا ضلعا من آدم وصنعنا منه الأنثى. سمى آدم الأنثى امرأة. يتضمن الجسد اللحمي الذي خلقناه ويحد الروح والنفس، ويقصر وجودكم فيزيائيا على مكان واحد. جُبلَ الجسد الانساني اللحمي قديسا وصالحا عندما خلقنا آدم وحواء.
خُلقتم أيضا بكثير من سماتنا، مثلا، المحبة، الصلاح، القداسة، الخير، العطف، الفرح، السلام، الصدق. هذه قائمة قصيرة من صفاتنا الكثيرة التي وضعناها فيكم عند خلقكم.
لذلك، فأنتم تشبهوننا في أشياء كثيرة. لكن بعض الاختلافات الرئيسية تتمقل في أننا خلقناكم بجسد من لحم ودم لكي يحد أرواحكم التي أعطيناها لكم وأيضا لكي يحد نفوسكم، والتي سوف تخلد الى الأبد. فأنتم إذن محدودي الوجود في مكان واحد على الأرض في المرة الواحدة.

لقد تم خلق كل واحد منكم بشريط حمض نووي DNA مختلف في أجسادكم، وذلك لنجعلكم فريدين، مختلفين، وأفرادا مستقلين. ببساطة، فأنتم لستم كائنات روبوتية.
وقد وضعنا خطوطا عريضة وأعطينا للكائنات البشرية السلطة والسيادة لحكم الأرض. كان آدم وحواء ممثلينا، ولاتنا، الذين يحكمون نيابة عنا على الأرض.
باركنا أنا وأبي الجنس البشري ببركة ولادة كائنات روحية أخرى. لقد فعلنا هذا ليولد لما أولادا صالحين، وقديسين. كانت نوايانا هي أن يتم ولادة وتنشئة الأطفال من خلال أسس الزواج، كما كنا قد شرحنا أبي وأنا.
واحدة من القدرات الهامة التي أعطيناها لكم هي الارادة الحرة. فقد خلقناكم بقدرة مستقلة على الاختيار بحرية فيما تريدون وترغبون أن تفعلوه.
جعلنا بكم المقدرة لأنفسكم على الاختيار بحرية فيما تريدون أن تفعلوه. نفسك هي أنت الحقيقي. لو قررت أن تختار ضد قوانينا، هيكل وقونين الخليقة، يجب أن نكرم اختياراتكم. لهذا قمنا بخلقكم، ولن نستطيع أن نسير ضد مبادئنا التي خلقناكم على أساسها.

الصحفي:
يسوع، هلا توضح لنا كيف صممنا الله وكيف انتوى لنا ان تتعامل أجسادنا، أنفسنا، أرواحنا، وإرادتنا الحرة؟

يسوع:
شكرا لك على سؤالك هذا السؤال. لقد تعجب الكثيرون وسألوا هذا السؤال في قلوبهم وأدمغتهم.
في البدء، خلقناكم مقدسين، صالحين، وأنقياء. لم تكونوا قادرين على التفكير في أي شيء شرير. لم يكن هناك أي شيء يدعى خطية.
أجسادكم حساسة للغاية بخصوص الأشياء الطبيعية والفيزيائية المحيطة بكم مثل الرؤية، الصوت، الشم، اللمس، والتذوق. يتم فحص كل شيء في العالم الفيزيائي عبر عقولكم. فالعقل مفتوح لكل الأفكار اليوم، سواء كانت خيرة أو شريرة. لديكم المقدرة والحرية على إما أن تختاروا إو أن ترفضوا الأفكار. فالأفكار التي تختاروها تمر عبر القلب، محاولة أن تقنع النفس أن تمنح الجسد والعقل ما يريدانه.
لديكم جزء من أبي في داخلكم، إنه روح الانسان. إن غرض الروح هو أن تتستقبلوا الرسائل من روح أبي. فعندما تسمع أرواحكم من روخ أبي القدوس، تتعامل روحكم مع وعيكم لتتواصلوا مع ما يقوله روح أبي لأرواحكم. تتحدث أرواحكم مباشرة الى أنفسكم. تُحد روح الانسان من خلال جسد اللحم الذي خلقناه لكم. عندما أقول "روح الانسان" فأنا أقصد كلا النوعين من البشر، الذكور والاناث.

خلقناك ب"نفس"، وهي أنت الحقيقي، وتدعى أيضا قلب الانسان. لا يستطيع أي انسان أن يرى نفسك لأنها محدودة في جسدك. نفسك خالدة، كينونتك الحقيقية ستعيش الى الأبد.
اليوم، ففي اللحظة التي يموت فيها الجسم الفيزيائي، فإنه لا يمكن تقييد النفس والروح فيما بعد بواسطة الجسد الميت. لأنهما يتركان الجسد مباشرة بعد اللحظة التي خرج فيها آخر نَفَس.
أقصد بالنَفْس الجزء الذي يختص بإتخاذ القرارات في الكائنات البشرية.
تستقبل أنفسكم الرسائل من روحكم الانسانية ومن الوعي. تستقبل الرسائل أيضا من الجسد عبر العقل. فعندما تستقبل النفس المعلومات، حينئذ تقوم بإتخاذ القرار، سواء كان ما يريده الجسد أن يحدث أو ما تريده الروح. تسمى عملية إتخاذ القرارات والاختيار هذه بالإرادة الحرة.
دعنا نلخص كيفية التعامل: يعمل كل من العقل والجسد معا، حيث يجمعا الحكمة والمعرفة، والرغبات والشهوات التي يريدها الجسد وحواسه من الطبيعة المحيطة ويغذيان النفس بهم.
تتعامل روحك مع روح الله القدوس، مستمعة الى اتجاه وارادة الله أبي. تتواصل روحك مباشرة مع وعيك، والذي يوجه بدوره النفس إلى إرادة الله ورسالته لك.
بعد استقبال المعلومات من الجسد والعقل ومن الوعي الروحي، تقوم نفسك الآن بإتخاذ القرار الذي يوافق اما الجسد أو الروح.
خُلقَ كل من آدم وحواء مقدسين، صالحين، ونقيين. لم يكن لديهم المقدرة على التفكير في أي شيء نجس أو شرير، لأن أبي صالح ولا يستطيع خلق الشر.

الصحفي:
لماذا خلقتما البشر بإرادة حرة؟ يبدو وكأنكما صنعتمانا بهذه الكيفية لكي نسقط، هل هذا صحيح؟

يسوع:
سؤال ممتاز. لكن بدون إرادة حرة، ستكون علاقتكم مع أبي ومعي علاقة آلية روبوتية. لم يكن من المستطاع على الاطلاق أن تكون لدينا معكم علاقة عائلية مليئة بالحب إن لم نسمح للبشر بالقدرة على الإختيار والحب. فالحب يتوجب منك أن تختار.
بدون الحب والقدرة على إتخاذ القرارات بإرادة حرة، لكنتم مجرد روبوتات، منفذين إرادة أبي بطاعة جوفاء وبلا معنى، لأن أفعالكم حينها لن تكون بإختيار قمتم بإتخاذه من قلوبكم.
تسمح الارادة الحرة لك بالاستقلالية في قول وفعل أي شيء تريده. حتى لو اخترت ألا تطيع مباديء خليقة أبي وارادته الصالحة للبشرية، يجب علينا أن نكرم اختياراتك التي تقوم بهابإرادتك الحرة. لأنه هكذا صمم أبي الخطوط العريضة للخليقة. لا نستطيع أبي أو أنا أن نخالف مبادئنا.

الصحفي:

ما كان هدف الله عند خلقه للكائنات البشرية؟

يسوع:
كانت نوايانا في خلق البشرية هي أن تحوز على علاقة حية، حبية، قدوسة وصالحة م كل البشر كأولاد لله.
أعطيناكم الخطوط العريضة للزواج، والتي هي أن يلتصق رجل واحد بإمرأة واحدة ليصبحا جسدا واحدا. خلقناكم أبي وأنا بالمقدرة على ولادة كائنات روحية. لقد فعلنا هذا لأننا أردنا عائلة صالحة من الأولاد والبنات.

الصحفي:
كيف كانت الحياة مع آدم وحواء في جنة عدن؟

يسوع:
كانت الحياة رائعة حقا في جنة عدن لأننا أنا وأبي تمشينا وتحدثنا مع آدم وحواء عند هبوب ريح النهار. كان الرباط بينهما مقدسا وصالحا لأن روح الله القدوس كان حالا في آدم وحواء.
إختار آدم وحواء دائما أن يرضيانا وذلك بطاعتهما وبإتباعهما تعليمات أبي. كان آدم وحواء نقيين، عارفين فقط صلاح أبي. لم يكن يوجد شرا بهما، فقط كانت الأفكار الصالحة هي الموجودة في عقلي آدم وحواء.
لم تكن معرفة الخير والشر قد أطلقت في الأرض بعد، لذلك، لم تكن رغبات وشهوات الجسد الإنساني تتحكم في العقول كما تفعل اليوم.
كانت علاقة رائعة حيث كان أبي متحدا بهما. لقد كان كل شيء يسير بالضبط كما إنتوى له أبي أن يكون.

الصحفي:
يسوع، منذ قليل في محادثتنا هذه، ذكرت أن أباك قد منح آدم وحواء السلطة والولاية للتحكم في كوكب الأرض. ماذا كنت تعني بهذا؟ ما السلطة التي لدينا؟
يسوع:
بدايةً، كان غرضنا في خلق البشرية واضحا. فقد أعطينا آدم وحواء السلطة والتحكم الكامل في كوكب الأرض والخليقة. كما هو مكتوب: "السموات سموات الرب، أما الأرض فأعطاها لبني آدم" (المزامير 115:16)

أنا؟ إني تقولون من

لم يعطِ أبي ملكية الأرض لكم، لكن أعطيناكم مسئولية حكمها. لقد كان آدم وحواء بمثابة ممثلين لأبي ولي هنا على الأرض. لقد كانا ولاتنا هنا على الأرض.

داني كليفورد

الفصل الرابع:
سقوط البشرية

الصحفي:
نرى اليوم وفي كل مكان الضعف، المرض، المعاناة، المجاعات، الموت، والحروب. ماذا حدث للخير الذي خلقه الله؟ ما الذي تسبب في هذا التغيير المريع؟ هل سمح الله لهذا بالحدوث؟

يسوع:
هذا سؤال ممتاز، إنه واحد من الأسئلة التي يسألني عنها الناس بطرق مختلفة، لذلك اسمح لي بالإجابة عن هذا السؤال بالعودة الى جنة عدن.

خلقنا البشر بإرادة حرة، عالمين أنه عندما يتم عصيان مبادىء الخليقة فإنه ستدخل طبيعة متمردة خاطئة في البشر.

وضعنا في وسط جنة عدن شجرة معرفة الخير والشر، بين كل أشجار الفاكهة التي تتضمن شجرة الحياة.

أعطى أبي آدم وصية واحدة. سمحنا لآدم أن يأكل من كل شجر الفاكهة الذي يعد بالمئات في الأرض، لكن أوصيناه بألا يأكل من شجرة معرفة الخير والشر. لأنه عندما يأكل منها، فأنه سيموت بكل تأكيد.

وضع أبي آدم في جنة عدن ليزرعها ويحفظها. عندما أوصينا آدم بهذا، لم نكن قد خلقنا المرأة بعد، حواء.

كما أخبرتك سابقا، لم نحد آدم وحواء جسديا من الأكل من الفاكهة المحرمة. لأننا أعطينا كل من آدم وحواء وأنت حرية الاختيار بدون إجبار.

أردنا أن يطيع كلا من آدم وحواء قوانينا الخاصة بالخليقة عن حب وثقة. هذا هو السبب الذي أوصينا من أجله آدم ألا يأكل من شجرة معرفة الخير والشر.

دخل الشيطان جنة عدن على هيئة حية، والتي كانت أذكي الحيوانات التي خلقناها أبي وأنا. أقنع الشيطان حواء بأن الفاكهة المحرمة جيدة للأكل وأنها ستجعلها مثل الله - هذا بالضبط ما حاول الشيطان تحقيقه عندما كان في السماء.

أحبت حواء منظر الفاكهة. لقد كان منظرها جيدا من وجهة نظرها. لقد صدقت كذبة الشيطان التي أوحت لها بأن أبي وأنا مقيدين للحرية، بخلاء، وأنانيين لأننا لم نرد مشاركة معرفة الخير والشر معها ومع آدم. فبدلا من تذكر الخير الذي منحناه أبي وأنا لها ولآدم، ركزت فقط على الذي منعه أبي عنها.

صدقت حواء ما أخبرها الشيطان به: إن أكلتما من هذه الشجرة، "لن تموتا على الإطلاق، لأن الله يعرف أنه عندما تأكلان منها، ستنفتح أعينكما، وستكونان مثل الله، عارفين الخير والشر."

حينما صدقت حواء كذبة الشيطان، قطفت الفاكهة المحرمة وأكلتها. بعد ذلك قطفت أيضا لآدم وأقنعته أن يأكل. في اللحظة التي أكل آدم من الفاكهة المحرمة، دخلت الخطية للعرق البشري.

الصحفي:

هل كنتما تعرفان أنت والله أن آدم وحواء سيأكلان من الفاكهة المحرمة عندما أوصيتاهما ألا يأكلا منها؟

يسوع:

نعم، فأبي يعرف كل الأشياء، عرفنا وفهمنا أن آدم وحواء سوف يعصيان وصايا أبي. عرفنا أيضا أن الخطية والنجاسة سوف تدخلان العالم عن طريقهما، لأن الشيطان وقواته الشريرة من الملائكة الساقطة كانوا في الأرض، وهذا بالضبط هو ما حدث.

أقنع الشيطان حواء أن تتبعه في تمرده ضدنا بإخبارها "يحاول الله أن يمنع شيئا حسنا عنكما" - متضمنا اتهام أبي الله بالكذب- و "أن الله يعرف أنه في اليوم الذي تأكلان منها، فستنفتح أعينكما، وستكونان مثل الله، عارفين الخير والشر."

عندما عصيا أدم وحواء وصيتنا، حدث سقوط كارثي للجنس البشري. لقد اكتسبا معرفتهما عن الخير والشر من خلال التعامل المباشر من الإيمان بأكاذيب الشيطان، بدلا من استقبال المعرفة والحكمة من أبي ومني.

لقد دمر هذا علاقتهما الرائعة مع أبي ومعي. ووضع كامل الجنس البشري في موقف كارثي. فقد خلقناكم لعلاقة صالحة. أما الآن، تم تلطيخ الهدف الأساسي لأبي ولي من أجلكم، وذلك كله بسبب عصيان وصايانا. فدخلت الخطية الجنس البشري من خلال رجل واحد.

الصحفي:

ماذا قعصد الله عندما أخبر آدم بأنه عندما يأكل منها فسوف يموت بالتأكيد؟ رغم أني أرى أنه لم يمت على الفور.

يسوع:
عندما أعطى أبي الوصية لآدم، لم يكن يقصد الموت الفيزيائي. لقد كان يتكلم عن روحه القدوس الذي وضعه في آدم وحواء وذلك بنزعه منهم، متسببا بذلك في أن يموتا الموت الروحي بينما مازالا حيين على الأرض.
فعندما أخطأ آدم وحواء، تم نزع روحي أبي منهما، تاركا خلفه فراغ في جسديهما، لذلك تم استبداله فورا بالطبيعة الخاطئة المتمردة للشيطان.
أصبح الآن الجنس البشري تحت تحكم الشرير، وبذلك أصبحتم أعداء لأبي ولي.

الصحفي:
يسوع، عندما زرعتما شجرة الخير والشر في جنة عدن، ألم يكن ذلك بمثابة إغراء لآدم وحواء للسقوط؟

يسوع:
كثير من غير المؤمنين، المشككين والمتشككين غالبا ما يتهمون أبي وأنا باننا أغرينا آدم وحواء من خلال هذا الامتحان الذي إما أنه كان صعبا جدا أو مخادعا جدا.
مع ذلك، كان لابد لنا أن نمنح آدم وحواء الخيار. فبدون إرادة حرة للإختيار، لكان آدم وحواء مجرد دمى متحركة. الحب الحقيقي يتطلب الاختيار.
أراد أبي أن يختار آدم وحواء أن يحبانا وأن يثقا بنا. والطريقة الوحيدة التي كان يمكننا بها أن نمنحهما خيارا كانت توصيتهما بعدم فعل شيء محدد غير مسموح بفعله.
لقد زرعنا مئات الأنواع المختلفة من أشجار الفاكهة في جنة عدن، حتى يتسنى لآدم وحواء خيارات متنوعة من الفاكهة ليأكلا منها.
من كل فواكه الجنة، كانت فاكهة واحدة فقط هي الغير مسموح بالأكل منها. فاكهة شجرة الخير والشر وذلك كحد لا يجوز التعدي عليه. أوصيناهما أبي وأنا بألا يأكلا من فاكهتها، لأنه عندما يأكلان منها، فسيموتا بالتأكيد.
بالأكل من فواكه الشجر الذي أتحناه لهما، كان بمثابة إختيار للإيمان والثقة في أبي.
لكن عندما إختارا أن يأكلا من الفاكهة المحرمة، أظهر تصرفهما العاصي والمتمرد ضد وصايا أبي أنهما لا يؤمنان ولا يثقان في أبي أو في بعد الآن.

بدلا من ذلك، اتبع آدم وحواء تعليمات الشيطان. لقد وضعا إيمانهما وثقتهما فيما أخبرهما الشيطان. عندما فعلا هذا، أعطيا الشيطان دفة قيادتهما والسلطة الروحية عليهما وعلى الجنس البشري. بالإضافة الى أننا خلقناكم، أعطيناكم أيضا السلطة والتحكم في كوكب الأرض. ويجب علينا أن نكرم إختياراتكم.
لم يكن الامتحان صعبا جدا. كان أمام آدم وحواء العديد من الفواكه التي كان من الممكن الإختيار من بينها ليأكلا منها.
لقد كان قرارا منطقيا من أبي ومني ألا نسمح للجنس البشري من الأكل من فاكهة شجرة معرفة الخير والشر، لأننا عرفنا أنه عندما تأكلون من هذه الفاكهة، فسوف تختبرون الشر وبذلك ستكونوا أشرارا. وأبي وأنا لا يمكننا التواجد جنبا الى جنب مع الشر.
عرفنا أيضا أنه عندما يعصي آدم وحواؤ وصايانا الخاصة بالفاكهة المحرمة، فسينتج الشر الضعف، المرض، المعاناة، الكراهية، المجاعات، الحروب، والموت في الأرض التي خلقناها لنعطيها للبشرية كي ترعاها.
ليس هذا ما انتويناه أو رغبنا في حدوثه. لكن هذا هو معقل الشيطان ومملكته الشريرة التي قام بإنشائها. هذا كله هو نتيجة طبيعة الشيطان الخاطئة و إختيار آدم وحواء بتصديق أكاذيب الشيطان. كما أخبرتك سابقا، فأبي يقدر فقط أن يخلق الخير!
عرفت حواء أنه لا يجوز الأكل من شجرة واحدة في وسط الجنة. بدلا من الثقة في أبي وفي وطاعتنا، وبعد كل ما فعلناه من أجلهما، إختارت حواء أن تصدق الأكاذيب التي أخبرها الشيطان، مصدقة في أننا كذبنا عليها.
عندما أكلا من الفاكهة المحرمة، فقدا براءتهما، وتحطمت علاقتهما مع أبي ومعي.
اكتسبا معرفة الخير والشر، لكن لم يكن ذلك ما أعلنه الشيطان لهما على الاطلاق. فكما خسر الشيطان كل ما كان له في ملكوت السموات، هكذا أيضا آدم وحواء خسرا ملكوت الله من داخلهما.

الصحفي:
يسوع، كيف شعرتما أنت والله، وماذا فعلتما عندما وثق آدم وحواء في الشيطان وفيما أخبرهما؟

يسوع:
أقدر سؤالك هذا حقا. لأنه أناس قليلون فقط هم من سألوني كيف شعرنا عندما سقط آدم وحواء منا.
استخدم خيالك، وضع نفسك مكان أبي خالق كل الخليقة. أنت تلاحظ الخليقة الآن من خلال أعين أبي - ترى كل ما خلقت، متضمنا الجنس البشري. وتراقب كيف كانت الخليقة تعمل بروعة كل

في مكانه، منفذة ارادتك ورغائبك. كل شيء خلقته هو صالح ويعمل بطريقة صالحة وانسجام تام. تحفظ كلمتك كل شيء في مكانه الخاص.

ثم، في يوم ما، تلاحظ أن أولادك الذين تحبهم جدا -هؤلاء الذين تتمشى وتتحدث معهم في كوكب الأرض الذي يراعونه نيابة عنك- يعصون التعليمات التي أعطيتهم بخصوص مباديء ومتطلبات الطبيعة. وتشاهدهم يأكلون من الفاكهة المحرمة التي أوصيتهم ألا يأكلون منها.

ولأنك تعرف كل شيء، فأنت مدرك تماما للتالي: أن الطبيعة الخاطئة ستدخلهم، والخطية سوف تتجسد في أجسامهم، متسببة لهم في رغبة أن يسترضوا أجسادهم وعقولهم، وأن يرفضوا الأشياء الخاصة بأبي.

وأنت أيضا تعرف أن الخطية ستكبل وتستعبد كامل الجنس البشري بالادمان، المرض، الضعف، والشر، متسببة في العجز، الهدم، الحرب والموت. تستطلع المستقبل لترى أن طبيعة الشيطان الشريرة سوف تتجذر في قلوب البشر، متسببة لهم في أن يصبحوا أشرار جدا للدرجة التي تجعلك تندم أنك يوما ما خلقتهم.

يزداد غضبك تجاه الشيطان والشر. تصبح حزينا وتمتليء بالحسرة على أطفالك، مع ذلك، لا يمكنك أن تقوم بإيقاف حدوث أي شيء، لأنك لا يمكن أن تسير ضد مبادئك، معاييرك ومقاييسك في الخليقة. لقد أعطيت السلطة لآدم ليحكم الأرض، والآن أعطاها هو إلى الشيطان.

بذلك قد تدرك بماذا شعر أبي وأنا عندما صدق آدم وحواء الشيطان ولم يصدقونا، استخدم خيالك للحظة، وتخيل أنك أب لطفل عمره 10 سنوات وطفلة عمرها 9 سنوات وأنك ربيتهما من الميلاد بكل الحب.

كنت تتمشى، تتحدث، تضحك، وتستمتع بالحياة مع طفليك كل يوم، وهما طفلين رائعين ومحبين، يعرفان فقط الخير من الناس والعالم المحيطين بهما. وجتهما وعلمتهما عن خير الحياة، لأن هذا هو أنت، وهذه طبيعتك.

أخبرتهما ألا يذهبا قط مع غريب على الأقدام أو أن يركبا سيارة مع أي غريب، مهما كان ما قاله الغريب أو مهما كانت الملابسات، لأنه إن فعلا ذلك فسوف يموتان.

يوما ما، كنت تشاهد طفليك من بعد يتمشيان في الطريق، أبطأت سيارة غريبة وتوقفت بجانب المكان الذي كانا يتمشيان فيه طفلاك. يتوقف طفلاك عن المشي ويستديرا ناحية السيارة مواجهين إياها. يبدو وكأنهم يستمعان إلى شخص ما في السيارة.

بعد دقائق قليلة،ترى الباب الخلفي للسيارة ينفتح. وبعدها بلحظة، تدخل ابنتك للمقعد الخلفي. وأنت تراقب متمنيا أن يفعل ابنك الشيء الصحيح وأن يصيح ويهرب بعيدا طلبا للمساعدة.

بعد لحظات قليلة، تظهر ابنتك من شباك السيارة وفي يديها طعام. تعرض على ابنك بعض الطعام. يقبله منها ويبدأ يأكله، وبعدها يدخلان هما الاثنان للمقعد الخلفي من السيارة. ينغلق الباب، ثم تقوم السيارة بالدوران وتهرب سريعا في الاتجاه المعاكس لك.

أصبحت الآن كل الأموال التي ضيعتها عليهم وتلك التي إدخرتها لتغطية تكاليف دراستهم حتى الجامعة بلا معنى الان. كل الخير الذي علمتهما والوقت الذي قضيته معهما في النزهات، الحديث، المشاركة، وتخطيط الحياة قد تحطم.

لقد كنت أبا جيدا. فمن مئات الأشياء التي سمحت لهم أن يستخدماها وأن يفعلاها، أمرتهم فقط بألا يفعلا شيئا واحدا: لا تذهبا أبدا مع أي غريب سواء على الأقدام أو بسيارة، مهما قال أو فعل لكما أو مهما كانت وعوده لكما.

بسبب استماع طفليك لشخص آخر بعدما جذب انتباههما وصدقا ما قاله لهما، فهما اختارا بذلك ما أرادا أن يفعلاه، ما أخبرهما عقلهما وجسدهما أن يفعلاه، مما تسبب في عصيان وصاياك.

لم يكن لديهما أي علم بالشر الذي سيلحق بهما. فقد كلفهما تصديقهما شخصا آخر وعصيانهم لوصاياك في فقدان براءتهما، وانفصالهما عنك، وأيضا كلفهما حياتهما.

لم يكن هناك أي أمر يمكنك فعله لإيقاف ذلك. لقد علمتهما، لقد أحببتهما، لقد أردتهما أن يحباك، أن يثقا بك وأن يطيعاك. لم يكن خيارا قط أن تجبرهما على أن يحباك وأن يطيعاك، لأنك بذلك ستسير ضد مبادئك، ضد إعتقادك، وضد المعايير التي منحتها لهما ليعيشا طبقا لها.

لم يكن هناك إلا شيئا واحدا لم يستطيع فعله- لا تذهبا مع أي غريب، مهما قال لكما. لقد عصياك، وهذا غير كل شيء أعددته لهما حينما سمعت بخبر الحبل بهما وبعد ولادتهما.

دعني أسألك: إن كنت مكاننا، وقد خلقت الأرض لطفليك حتى يحكماها ويتملكاها، والآن هما تحت سلطان روحي لشخص آخر - غريب - ألن تفعل ما تستطيع حتى تعيدهم إليك؟

متأسف لأني استغرقت الكثير من الوقت للإجابة عن سؤالك، وذلك لأن من المهم والضروري جدا أن يعرف ويفهم البشر الحقيقة حول سقوط البشرية.

لقد انحدرا آدم وحواء من القداسة والصلاح كأبناء لله أبي إلى ابناء للشيطان، وهذا هو الضد التام لطريقة الحياة التي خلقناهما أبي وأنا لكي يحيانها.

الصحفي:

أشكرك على إجابتك الواضحة. لكن تركتنا إجابتك معلقين: أين هو العرق البشري اليوم؟ ما الأمل الذي لدينا لنعود أطفالا لك مرة أخرى؟

يسوع:

اليوم، يولد كل الكائنات البشرية مباشرة من أرحام أمهاتهم بطبيعة خاطئة بداخلهم. يتم ولادتكم كأبناء وبنات للشرير كأعداء لأبي ولي.

وبينما ينمو الانسان وينضج من الناحية الجسمانية، تنمو أيضا معرفة الشر بداخله. لذلك، فالأمل الوحيد المتاح للعرق البشري هو، بطريقة ما، أن تنتزع الطبيعة الخاطئة منه، ويجب على أحد ما

أنا؟ إني تقولون من

أن يوفر طريقة وحق للبشر أن يختاروا أن يولدوا من جديد من روح أبي القدوس. بطريقة ما، يجب على الإنسان أن يصل لحياة جديدة، بأن يولد مرة أخرى من روح أبي، مثل آدم وحواء قبل أن يسقطا من النعمة.

الصحفي:
هل تقول أنه بسبب أن آدم قام بخيار واحد خاطيء وبعصيانه لوصايا الله، فقد العرق البشري ميراثه كأولاد وبنات لله، وأننا أيضا قد جوزينا بعقوبة الموت الجسدي؟

يسوع:
نعم، هذا صحيح. لقد خلقنا آدم وحواء ليكونا مثلنا. لم يكن هناك أي داع أو حاجة للموت الجسدي، لأن البشر لم يكونوا عارفين لأي شر، لقد كانوا صالحين ومقدسين مثلما خلقناهم أبي وأنا.

في الأصل، خلقنا البشر بجسد خالد، لم يتم خلقكم لتموتوا. لكن عندما عصى آدم وحواء وصايا أبي وأكلا من الفاكهة المحرمة، دخلت طبيعة متمردة خاطئة آدم وحواء. والخطية أحضرت الموت لكليهما.

بسبب عصيان آدم لوصايانا وأكل من الفاكهة المحرمة، أراد أبي مني أن أخبر آدم بالتالي: "لأنك استمعت إلى زوجتك وأكلت من الشجرة التي أمرتك ألا تأكل من فاكهتها، ملعونة الأرض بسببك. بعرق وجهك تأكل خبزا حتى تعود إلى الأرض. لأنك أخذت من التراب، وإلى التراب تعود." وبذلك بدأ عهد بالموت الجسداني للجنس البشري عندما أراد أبي أن يتحدث بهذه الكلمات لآدم.

الأهم من ذلك، بدأت الخطية في نزع إقامة الروح القدس من داخل الانسان. فقد كان آدم وحواء كائنين بشريين كاملين، لكن عندما دخلتهما الخطية والطبيعة المتمردة، تم نزع الروح القدس. لأن الخطية والقداسة لا يمكن أن يوجدا معا.

تسبب هذا في تغيير شديد في علاقتكم معنا، مما أدى إلى الموت الروحي ما يعني أنه وإن كنتم أحياء جسديا، فأنتم متروكين فارغين من الداخل، غير كاملين، وبدون الروح القدس.

نحبكم أنا وأبي كثيرا جدا مما دعانا إلى نزعكم سريعا من جنة عدن، لأنه أصبح لديكم معرفة الخير والشر، وأصبحتما في حالة الخطية. فلو وصلتم لشجرة الحياة وأكلتم من ثمرها، بينما أنتم في حالة الخطية، فلن يكون هناك أي وسيلة لإستعادتكم إلينا. لذلك نزعناكم من جنة عدن ووضعنا سيفا ملتهبا يتحرك للأمام والخلف لكي يحرس الطريق إلى شجرة الحياة.

دخلت الخطية الى العالم من خلال رجل واحد عندما أخطأ آدم. وكنتيجة لخطية آدم، سقط الجنس البشري كله من مجد الله، ولأن أجرة الخطية هي موت. فقد أحضر آدم الموت، وانتشر الموت للجميع، لأن الجميع أخطأوا.

منذ اليوم الذي أخطأ آدم فيه، أصبح كل انسان يحبل به من قبل زرع رجل ويولد من رحم امرأة أصبح يولد بطبيعة خاطئة ومتمردة، منفصلا عن أبي وعني، في الميلاد. أنتم موتى روحيا، بمعنى أنكم منفصلين عن أبي وعني رغم حياتكم على الأرض.

بخلاف أن تختاروا أن تطلبوا مني أن أتسيد حياتكم، فسوف تعيش حياتك على الأرض منفصلا روحيا عن الله أبي.

ان لم تختر أن تؤمن بي ففي اللحظة التي تموت فيها جسديا، سوف يكون مصيرك مختوما. سوف تنفصل نفسك عن أبي وعني طوال الأبدية.

الصحفي:
ماذا حدث للسلطة التي أعطيتها لآدم وحواء؟

يسوع:
كانت السلطة التي ائتمنها الله لآدم على الأرض كاملة ونهائية، فعندما عصا آدم وصايا أبي وأكل من الفاكهة المحرمة، انتهى به الامر لإعطاء تلك السلطة للشيطان. تسبب هذا في سقوط كل الجنس البشري تحت السطوة الروحية للشرير وتأثيراته الشريرة.

استخدم الشيطان هذه السلطة وهذا التحكم ضدي منذ 2000 سنة مرت، فبعد معموديتي من يوحنا المعمدان تم اقتيادي من قبل روح أبي القدوس إلى برية الصحراء لكي أصوم. جربني الشيطان بهذا التحكم وهذه السلطة المسروقة من آدم.

اقتادني الشيطان الى مكان عال وعرض علي في لحظة كل ممالك العالم. لقد جربني قائلا: "سوف أعطيك السلطة على كل هذه، لأنها قد أعطيت لي، وأستطيع أن أعطيها لأي أحد أريد. لو سجدت لي، سوف تكون لك." لم أتجادل مع الشيطان لأن ما قاله كان حقيقيا، لذلك قلت له: "مكتوب للرب إلهك تسجد وإياه وحده تعبد".

فبعد عصيان آدم مباشرة لهيكل الخليقة، تحطم عهد أبي مع البشرية.

أردكنا أبي وأنا تماما أن البشر لن يستطيعوا إستعادة الصلاح مرة أخرى، مهما كان مقدار الخير الذي سيفعلونه لتحقيق ذلك، وذلك لأن دوافع قلوبهم كانت خاطئة.

أدركنا أيضا أن عبودية الشر والمعاناة الناتجة من الخطية والنجاسة يحتاجون إلى خطة كاملة ودائمة للتصالح. تم العمل على إعداد هذا الحل من قبل أبي ومن قبلي قبل تأسيس العالم.

بدأت الآن معركة روحية على الأرض. يوجد هناك حرب روحية بين الخير والشر تحدث الآن بين جيش من ملائكة أبي والقديسيين المصليين والشيطان وحشوده من الملائكة الأشرار. هذه الحرب حقيقية، وهدفها الأساسي ملكية نفسك. أما عن ساحة المعركة فهي عقلك، إرادتك، ومشاعرك تجاه هدف التحكم في نفسك التي لم تخلص بعد.

الفصل الخامس
لماذا الحرب الروحية؟

الصحفي:
الكثير منا لا يفهم الحياة الروحية أو الحرب الروحية. ما الذي نحتاج أن نعرفه وأن نفعله في هذه الحرب الروحية؟

يسوع:
لطالما كانت الحرب الروحية غير مفهومة حتى لأذكى البشر لأنكم ذوي أجساد من لحم. مع ذلك، العالم الروحي حقيقي، غير مرئي، حي، ومتغير، ولا يمكن للبشر التعامل مع البعد الروحي بإستخدام نفس الحواس الفيزيائية التي يستخدمها الجسد ليتعامل مع البعد الفيزيائي. صممت حواس الجسد لكي تتفاعل مع الواقع الفيزيائي ولا تملك القدرة للتعامل مع العالم الروحي، هذا بالطبع إلا إذا سمح أبي لك بطريقة فوق طبيعية بذلك أو إذا كنت مسبي ومتحكم فيك من الشيطان. لا يفهم عقلك الفيزيائي الروحيات، لا يمكنك رؤية، سماع، أو الإحساس بالأمور الروحية بحواسك الفيزيائية، لذلك لا يؤمن كثير من الناس بالحياة الروحية. كثير منكم يؤمن وكأنها نسيج من خيال أحد ما. ومع ذلك، فإن عالم الروح أكثر حياة ومتنوع أكثر من الحياة الفيزيائية الجسدانية.

"فإن مصارعتكم ليست مع لحم ودم، بل مع الرئاسات، مع السلاطين، مع قوة هذا العالم المظلم، وضد القوات الروحية للشر في العالم السماوي.

ضروري أن تدرك أن الهواء المحيط بك مليء بحشود من الملائكة الأشرار الذين يحاولون إبعادك من بدء علاقة معي ومع أبي.

يجب أن تتعلم كل ما تستطيع تعلمه عن عدوك، الشيطان، والذي لديه سطوة روحية عليك. عندما يولد الإنسان، يكون ابنا أو بنتا للشرير، الشيطان. يبقيك دائما تحت تحكمه الروحي وذلك عن طريق تصديقك لأكاذيبه التي يغذيها بها بإستمرار. فهو يصور نفسه وكأنه صديقك ومحاميك بينما يقنعك أن أبي وأنا خلقناك لمصلحتنا الأنانية، ورغباتنا المتحكمة. يريدك أن تصدق أننا نريدك أن تطيع وصايانا طاعة عمياء قاصرة وأنك عندما تعصونا، فأننا لن نسامحك وسنقوم بتعذيبك.

الصحفي:
ماذا تعني ب "أولاد وبنات الشيطان"؟ كيف مازال هو المتحكم فينا اليوم؟

يسوع:
إنك تعطي الشيطان القوة وذلك من خلال تصديق أكاذيبه. تعتبر هذه الأكاذيب كالمصيدة التي توقعك في شرك العبودية. لا يدرك معظمكم هذا الخداع، لأنه يمكنه التنكر والظهور حتى بمظهر ملاك نور.

عندما تصدق أكاذيب الشيطان، فستصبح مسجونا ومستعبدا في عبودية المخدرات، الكحوليات، الإباحية الجنسية، الأفلام والصور الإباحية، الطعام، الضعف، الأمراض، وكثير من الشهوات المغرية لجسدك. لهذا أخبرتكم "كان قتالا للناس منذ البدء، لا يقول الحق، لأنه ليس به حق. عندما يكذب فهو يتحدث لغته الأصلية، لأنه كذاب وأبو الكذاب." (يوحنا 8:44)

واحد من أكثر الأسلحة القوية والمخادعة التي يستخدمها الشيطان ضدكم هي الكبرياء. الكبرياء فعال لأنك تحب أن تستقبل المديح. تصبح فخورا بعملك، فخورا بمنزلك، فخورا بأطفالك، وفخورا بالشخصية الذي وصلت لتكونها. الكبرياء يسيطر عليك، وقبل مرور فترة طويلة يعميك عن حاجتك الماسة إلى الله أبي. يقنع الكبرياء قلبك أنك تستطيع أن تقوم بالأشياء المختلفة بدون مساعدة الله أو تدخله. الكبرياء خطير لأنه يقسي قلبك ويجعلك متمردا ضد أبي، وهذا يؤدي إلى حمل الأحقاد ضده.

في اللحظة التي تولد فيها، تكون تحت تحكم الشيطان وعبوديته الروحية. فعند الميلاد تكون خاطيء وتكون عدوا لأبي ولي. خلال نموك، فأنت تنمو تحت سلطان الشيطان الروحي وتأثيراته الشريرة. أنت أسير حرب في المملكة الظلامية للشيطان.

أدركنا أن عبودية الشر والمعاناة الناتجة عن الخطية والنجاسة تحتاج لخطة كاملة ودائمة للتصالح. وتم العمل على إعداد هذا الحل الكامل فعلا من قبلنا قبل تأسيس العالم. كلكم سجناء للخطية.

مع ذلك، أحببناكم كثيرا جدا لدرجة أن أبي دفع فدية لكي ينقذكم من الحياة الفارغة التي ورثتموها من أبائكم وأجدادكم. لم تكن الفدية التي دفعها ذهبا أو فضة. بل كانت دمي النفيس. أرسلني الله لأصبح فديتكم من قبل بدء العالم، لكنه الآن أظهرني لكم في هذه الأيام الأخيرة. أصبحت أنا الذي بلا خطية وبلا عيب حمل الله. يمكنك استقبال وعد أبي بالحرية بالإيمان بي، يسوع المسيح.
إن إخترت ألا تؤمن بي وبخطة أبي لخلاصك، ستبقى عندئذ منفصل عنا. ستكون بالنسبة لأبي الله ميتا حتى لو كنت حيا على الأرض.

الصحفي:
يسوع، ماذا كانت الفدية؟ ما الذي فعلته ليدفع تلك الفدية عنا؟

يسوع:
أرسلني أبي لكي أحرركم من الشيطان والعبودية ومن الإدمانات التي تقيدكم الخطية بها. فعلت هذا عندما صلبت على صليب الجلجثة حتى الموت. دفنت في مقبرة، وفي اليوم الثالث، قمت من الموت للحياة وذلك بواسطة روح أبي القدوس.
هزم كل من موتي، دفني، وقيامتي الموت وحطموا قلاع الشيطان وقواته وقدراته الظلامية في العالم الروحي.

الصحفي:
أي أمل لدينا أننا سوف نتصالح مع الله؟

يسوع:
عندما أقامني أبي من الموت للحياة، أمددت الإنسان الطريق والحق لكي يختار أن يولد كطفل من الله عن طريق الإيمان بي وبكل ما أمثله. ظل أملكم حيا، لأنني حي في السما، وإن آمنتم بي، سأكون معكم على الدوام.
يتطلب الأمر أن تضع نفسك، وأن تتحول عن طرقك الشرية، وأن تبحث عن علاقة معي ومع أبي. إن فعلت ما أوصيتك بأن تفعله، سأعطيك القوة لكي تتغلب على كل حيل الشيطان.

الصحفي:
إن أصبحت ابنا لله، هل سأكون محميا من الشيطان كل الأوقات، مهما كان ما أقوله أو أفعله؟

يسوع:

سيحاول الشيطان وكل قواته الشريرة أن يحولوا طريقك عنا. فهو يحاول باستمرار أن يمنعك ويعطلك عن القيام بإرادة أبي ولن يتوقف أبدا عن أن يحاول أن يدمر علاقتك بنا.
لقد أخبرت تلاميذي منذ 2000 عام مضت أن يثبتوا في وأني سأثبت فيهم. فإن أحبوني وأطاعوا تعاليمي، فسأظل دوما معهم. تنطبق هذه الكلمات عليكم أيضا اليوم.
إن الهدف الوحيد للشيطان وقواته الشريرة هو أن يشوهك، أن يثخنك بالجراح، أن يثبط من عزيمتك، حتى تخسر نفسك وتسقط من تبعية أبي. وعندما يتحطم جزء بسيط من العلاقة، يصبح الشيطان كالأسد يطاردك، وعندما يجدك ضعيف كفاية، يحاول أن يفصلك عن أبي وعني. تصبح مثل فريسة وحيدة، بعيدا عن اخوتك واخواتك المؤمنين، وتصبح علاقتك بأبي وبي غير نشطة.
عندما تفرط في علاقتك معنا، ستصبح مكشوفا تماما وغير محصن جسديا وروحيا للأسد، الشيطان. "يجب أن تنتبهوا، فابليس خصمكم كأسد زائر، يجول ملتمسا من يبتلعه. قاوموه راسخين في الإيمان." (ا بطرس 5: 8-9)

الصحفي:
أين يجعل هذا الأمر البشرية اليوم؟

يسوع:
الأغلبية العظمى من الكائنات البشرية اليوم ليست مهتمة بإنفصالها عن أبي وعني بينما هم أحياء على الأرض. ينحصر إهتمامكم اليوم على إرضاء أنفسكم على الأرض. وكثير منكم يعتقد أنه عند الموت مباشرة لا توجد حياة. ولا تفكرون في الحياة بعد الموت، وأيضا لا تتجهزوا لها. كثير منكم لا يهتم بهذه الأمور. لكن ينحصر إهتمامكم في العيش بأسلوب يؤمن إرضاء الرغبات الخاطئة لأجسادكم.
اليوم، تعتبر قوى الخطية أقوى منكم. لقد أصبحتم مستعبدين للطبيعة الخاطئة وتقبعون في عبودية الإدمانات المختلفة وفي رغباتكم وشهوات الجسد، لهذا قلت: "كل واحد يخطيء فهو عبد للخطية." (يوحنا 8:34)
الأمل الوحيد الذي لديكم هو إذا تم نزع الطبيعة الخاطئة، المتمرة وكل خطاياكم منكم. عندها يمكن استرداد علاقتكم بأبي الله وبي.

الفصل السادس

ابن الله - ابن الانسان

الصحفي:

يسوع، كيف يعقل أنك أتيت من الأبدية في السماء لكوكب الأرض؟

يسوع:

عندما حل الوقت المحدد، أرسلني أبي، أنا ابنه، كمولود من امرأة عذراء كانت تحت ناموس موسى، لكي أخلص هؤلاء الذين تحت الناموس، حتى يستطيعوا أن يكونوا أولادا لله.

أرسلني أبي لكي أولد ككائن بشري. "السِّرِّ الْمَكْتُومِ مُنْذُ الدُّهُورِ وَمُنْذُ الأَجْيَالِ، لكِنَّهُ الآنَ قَدْ أُظْهِرَ لِقِدِّيسِيهِ، 27الَّذِينَ أَرَادَ اللهُ أبي أَنْ يُعَرِّفَهُمْ مَا هُوَ غِنَى مَجْدِ هذَا السِّرِّ فِي الأُمَمِ، الَّذِي هُوَ أنا الْمَسِيحُ فِيكُمْ رَجَاءُ الْمَجْدِ." (كولوسي 1: 26-27)

قبل مئات السنين من ولادتي، تنبأ النبي أشعياء لبني إسرائيل أن العذراء ستحبل وتلد ابنا وسيدعون إسمه "عمانوئيل."

لتحقيق هذا، ظهر ملاك من الله لعذراء صغيرة تدعى مريم لكي يخبرها برغبة أبي ليستخدمها كأم لطفل يولد منها، على أن تسميه يسوع.

بعد أن أدركت مريم أنها كعذراء ستحبل بالطفل عن طريق روح الله القدوس الذي سيحل عليها، أخبرت ملاك الله بموافقتها أن تكون والدة ليسوع.

أخبر الملاك مريم "ستحبلين وتلدين ابنا، وستدعينه يسوع، لأنه سوف يخلص شعبه من خطاياهم"

وافقت مريم أن تفعل إرادة أبي وحبلت بواسطة الروح القدس. لكن تسبب ذلك في مشكلة كبيرة لماري من خطيبها يوسف. لم يكونا قد تزوجا بعد، وكانت مازالت عذراء عندما تم حبلها من خلال قوة الروح القدس.
كان يوسف يواجه مشكلة كبيرة في فهم طبيعة حمل مريم. لقد عرف أنه ليس والد الجنين الذي تحمله مريم بداخلها، لأنه لم يقم بأي علاقة جنسية مع مريم. عرف أيضا ان مريم اعتادت أن تكون شابة جيدة ولم يرد أن يشهر بها ويفضحها. لذلك قرر أن يفسخ الخطوبة بهدوء. وبينما كان يفكر في هذا الأمر، ملاك من الرب ظهر له في حلم. "يوسف، ابن داود." قال الملاك، "لا تخف من أن تأخذ مريم زوجتك. لأن الطفل الذي حبل به منها هو من الروح القدس. وسوف تلد ابنا وستدعونه يسوع لأنه سيخلص شعبه من خطاياهم."
عندما استيقظ يوسف، فعل كما أمره ملاك الرب وأخذ مريم زوجته. لكنه لم يقم بأي علاقة جنسية معها حتى ولدت أنا. وسماني يوسف "يسوع" (متى 1: 19-25)
جعل أبي أول امبراطور روماني، أغسطس قيصر والذي يعني "العالي" يأمر بتعداد عام لكل المسكونة لكي يكتتبوا لكي يدفعوا الضرائب. وحسب عادة اليهود، فإن الإكتتاب يحدث في منشأ الشخص الأصلي. ولأني منحدر من ذرية الملك داود من خلال أمي مريم، وأيضا من خلال خطيب مريم يوسف والذي أصبح فيما بعد زوج مريم. ولدت في بيت لحم. مدينة الملك داود.
في ليلة ولادتي، صمم أبي أكبر اعلان ولادة على مر التاريخ. ففي تلك الليلة كان هناك رعاة في الحقول المجاورة، يحرسون قطعان أغنامهم.
فجأة، ظهر ملاك الرب بينهم، وحاوطهم مجد الرب. كانوا مرتعبين، لكن الملاك طمأنهم "لا تخافوا، فأنا أحمل لكم بشرى سارة وسيسر منها جميع الشعب. المخلص، نعم، المسيح، الرب، قد ولد لكم اليوم في بيت لحم، مدينة داود! ويمكنكم التعرف عليه من خلال هذه العلامة: ستجدون طفلا مقمطا مضجعا في مزود." فجأة التحق بالملاك حشد كبير من ملائكة آخرين - من جنود السماء - ممجدين الله قائلين "المجد لله في الأعالي وعلى الأرض السلام، وبالناس المسرة. (لوقا 2: 8-14)
عندما أتممت الثمانية أيام، تم ختاني وتسميتي "يسوع" هذا الإسم أعطي من قبل الملاك قبل حتى أن أنمو بداخل أحشاء مريم.

الصحفي:

متى ومن ساعدك في بدء خدمتك كالمسيح؟

يسوع:

كان يوحنا المعمدان هو الشخص المختار من قبل أبي لكي يعد الطريق لي.

في أيام أشعياء النبي، كان هناك القليل من الطرق، لذلك عندما كان يذهب ملك أو حاكم عظيم الشأن ليزور مدينة معينة، كان الناس يبنون الطرق له حتى يمكنه أن يسافر بعربته الملكية من خلالها بدلا من التعثر في الحقول أو أن يقع في الوحل. بعد هذا ب700 عام ولدت أنا، قال النبي أشعياء "صوت صارخ في البرية: أعدوا طريق الرب، أصنعوا سبله مستقيمة لألهنا." أشعياء 40: 3

اعدوا معناها "جهزوا الطريق"، ابعدوا المعوقات بعيدا. أما سبله فتمثل قلوب البشر التي يجب أن يتم إعدادها روحيا من خلال التوبة لأن مجد أبي كان على وشك الظهور على الأرض. (اقرأ لوقا 3: 3-30)

وعظ يوحنا المعمدان خارجا في البرية، بعيدا عن الهيكل في أورشليم. تحدث ضد القيم والطقوس في نظام الهيكل ومعتقدات المجتمع، مثل تلك الخاصة بالصدوقيين والفريسيين. أتى الناس في جماعات بالمئات ليسمعوا رسالته. لقد وعظ بشيء جديد، رسالة توبة و"تغيير قلب".

أتت سلطات الهيكل، ومنهم الكهنة اللاويين، ليسألوا يوحنا المعمدان. أرادوا أن يعرفوا من هو بالضبط. أخبرهم يوحنا: "أنا لست المسيح." فسألوه "إذن من أنت؟ هل أنت إيليا؟" قال "لست أنا." استمروا يسألوه "هل أنت النبي؟" أجاب ب "لا" أخيرا سألوه "من أنت؟ أعطنا جوابا لكي نعود به إلى من أرسلونا. ماذا تقول عن نفسك؟" رد يوحنا بكلمات أشعياء النبي "أنا صوت صارخ في البرية "أعدوا طريق الرب" (يوحنا 1: 20-24)

أخبرهم يوحنا "أنا أعمدكم بماء. لكن يأتي بعدي من هو أقوى مني، من لست أهلا لحل سيور حذائه. هو يعمدكم بالروح القدس والنار." (لوقا 3: 16)

كان سبب إستمرارهم في سؤال يوحنا "هل أنت المسيح؟" هو أن الأنبياء في العهد القديم أصروا على أن الله سيرسل "الممسوح" والذي يعني "المسيا" بالعبرية.

بعد ذلك بأيام قلائل، أشار يوحنا المعمدان إلي للمرة الأولى وقال: "أنظروا ها حمل الله، الذي يحمل خطية العالم! هذا هو الذي قلت عنه "أنه سيأتي بعدي من صار قبلي لأنه كان قبلي. أنا نفسي لم أعرفه، لكن سبب إتياني لأعمد بالماء هو أنه قد يظهر لإسرائيل."

بعدئذ أعطى يوحنا هذه الشهادة: "رأيت الروح نازلا من السماء مثل حمامة واستقر عليه. لم أكن لأعرفه، حتى أخبرني الذي أرسلني لأعمد أن الرجل الذي ترى الروح نازلا عليه ويستقر هو الذي سيعمد بالروح القدس. لقد رأيت وأشهد بأن هذا هو ابن الله." (يوحنا 1: 29-34)

وبعد معمودية يوحنا لي مباشرة، اقتادني الروح القدس خارجا الى البرية، حيث جربني الشيطان. لقد عرض علي السلطة التي أعطاها له آدم عندما عصانا وأكل من الفاكهة المحرمة.

بعد سجن يوحنا المعمدان بقليل بدأت خدمتي. ذهبت إلى الجليل كارزا بالأخبار السارة.

كان يوحنا المعمدان نبيا عظيما حيث أنهى العهد القديم وأعد الطريق أمامي لكي أبشر بملكوت السموات لبني إسرائيل أولا، وبعد ذلك لكل البشر من كل الأمم.

الآن ومن خلالي، يقوم الله أبي بتنفيذ خطته المدهشة لخلاص البشرية، وهي أعظم قصة أخبرت على مر العصور.

الفصل السابع
يسوع الناصري

الصحفي:
يوما ما، وبينما كنت تعظ الجمع، أخبرتهم أنه لا أحد من مواليد النساء أعظم من يوحنا المعمدان "لكن الأصغر في ملكوت السموات أعظم منه" فضلا أشرح لنا كيف يمكن لأي منا أن يصبح أعظم من يوحنا المعمدان.

يسوع:
أشكرك. هذا سؤال يحتاج أن يعرف إجابته الكثير من تلاميذي. هذا هو ما حدث:
عندما تم سجن يوحنا، سمع عن كل المعجزات، الآيات، والأفعال الحسنة التي كنت أقوم بها. لكن، لكني لم أعيد تأسيس إسرائيل كمملكة جديدة، ولا قمت بأي حكم بعد. لذلك، أرسل يوحنا المعمدان بعض من تلاميذه ليسألوني "هل أنت الآتي أم ننتظر آخر"؟
أخبرت تلاميذ يوحنا "عودوا وأخبروا يوحنا بما سمعتم وما رأيتم: العمي يبصرون، العرج يمشون، والبرص يطهرون، الصم يسمعون، والموتى يقومون، والمساكين يبشرون بالأخبار السارة."
بعدما غادر تلاميذ يوحنا، أخبرت الجموع هناك بأنه من بين المولودين من النساء، لم يخرج أحد أعظم من يوحنا المعمدان، لكن الأصغر في ملكوت السموات أعظم منه (متى 11). تعود "الأصغر في ملكوت السموات" إلى هؤلاء الذين سيكونوا ضمن الملكوت الذي كنت أكرز به في ذلك الوقت.
اليوم، إن آمنت بي وأطعت تعاليمي، ستكون أعظم من يوحنا المعمدان!
الصحفي:

يسوع، آسف للمقاطعة، لكن كيف يمكن لأي واحد منا أن يكون أعظم من يوحنا المعمدان؟

يسوع:
في الوقت الذي قلت فيه هذا، لم أكن قد صلبت وقمت من الأموات بعد، ولم يكن الروح القدس متاحا لكم أنتم البشر.
بعدما خرجت من القبر حيا وصعدت إلى السموات، كان عمل أبي على الأرض قد أكتمل. منذ ذلك اليوم، كل شيء حققناه تم القيام به عن طريق بشر آمن بي كيسوع "المسيح". السر انكشف: تعرفون الآن كامل خطة أبي للخلاص.
أخبرك الآن نفس الشيء الذي قلته لتلاميذي قبل أن يصلبني اليهود. اليوم، تعرفون عملي المنتهي. ستكونون أصدقائي إن قمتم بما أوصيتكم به. لا أدعوكم كعبيد أمتلكهم فيما بعد. لأن العبد لا يعرف ماذا يفعل سيده. أدعوكم "أصدقاء" لأني أخبرتكم كل شيء سمعته من أبي. (يوحنا 15 : 14-15)

الصحفي:
يسوع، قبل قليل في محادثتنا وأيضا الآن، أشرت إلى نفسك ب "السر المكشوف." ماذا قصدت بهذا؟ من كنت بالنسبة إليه سرا؟

يسوع:
هذا هو السؤال المفتاحي للإجابة عن "من تقولون إني أنا؟" لماذا أتيت إلى الأرض، وماذا فعلت بينما كنت على الأرض.
كان وجودي على الأرض منذ ألفي سنة مضت بمثابة لغز لمعظم خرافي الضالة، بني إسرائيل. أتيت للعرق البشري الذي أنتمي إليه، اليهود، لكنهم لم يستقبلوني كابن الله. بعضهم قبلني ك "المسيا" لكن الأغلبية العظمى لم تفعل. في الحقيقية إنتهى بهم الأمر برفضي.
في الناحية الأخرى، عرفت الأرواح الشريرة التي واجهتها من أنا ودعتني بإسمي. لكنهم لم يفهموا ماذا كنت أفعل على الأرض في هذه المرة. لقد كانوا مندهشين ومتحيرين.
على سبيل المثال، واجهت رجلين مسكونين بالشياطين في يوم ما عندما مررت بالبحيرة ووصلت للشاطيء الآخر. أتى الرجلان من القبور ليقابلاني. كانا عنيفين جدا لدرجة أنه لم يستطع أحد الوقوف في طريقهما. نادت علي الأرواح الشريرة "ماذا تريد منا يا ابن الله؟" هكذا صرخوا. "هل أتيت هنا قبل الوقت المحدد لكي تعذبنا؟" كان بعيد عنهم بمسافة بسيطة قطيع كبير من الخنازير يرعى. توسلت إلي الشياطين "إن أخرجتنا، أرسلنا إلى قطيع الخنازير." أمرتهم

"إذهبوا" لذلك خرجوا ودخلوا في الخنازير، وإنحدر كامل القطيع الى الصفة المنحدرة من البحيرة وغرق في الماء. (متى 8 : 29-32 ولوقا 8 : 28)
أرأيت، يعرف الشيطان وملائكة الظلام ذلك، فبعد الدينونة الأخيرة، في نهاية العالم، سيتم إلقائهم في بحيرة النار التي ستحرق بالكبريت، كما ذكر في الرؤيا 20: 10. هذا هو السبب الذي لأجله صدموا عندما رأوني. لقد عرفوا أنه ليس وقت دينونتهم، لكنهم لم يعرفوا لماذا كنت على الأرض. لو كان الشيطان قد عرف فعلا ماذا كنت أفعل على الأرض، لما شارك في المساعدة في قتلي. لقد كان سؤال (لماذا كنت على الأرض في ذلك الوقت) لغزا بالفعل بالنسبة للشيطان وملائكته الساقطة.
كان وجودي على الأرض لغزا أيضا لمعظم بني إسرائيل. لقد قرأوا، أدركوا، وعرفوا الكتابات النبوية لأنبيائهم جيدا جدا. منذ 2000 سنة مضت، كانت معظم التعاليم المنتشرة والتوقعات لكل من الكهنة، الصدوقيين، قادة اليكل، والدارسين للمخطوطات المقدسة هي أنه عندما يأتي "المسيا"، فسوف يقوم بأعمال حسنة كتبت عنه وبعدها سيستعيد إسرائيل كأمة وشعب وذلك عن طريق تأسيس مملكته التي يحكم فيها على الأرض، وبعدها يبدأ الدينونة.
بينما كنت أعلم الجموع عن ملكوت الله، اعتقدت الأغلبية منهم أنني "المسيا"، لكنهم كانوا يبحثون عن ملك يسترد، ويصالح ويبدأ أمة إسرائيل ويحررها من عبودية الرومان ومن الضرائب ويؤسس إسرائيل كأمة عظيمة وقوية على المستوى الدولي. لقد تمنوا ألا يكونوا فقراء فيما بعد ورغبوا في أن يصبحوا ميسوري الحال وأن يعيشوا نوعية جيدة من الحياة. لقد أرادوا أن يكونوا رأسا لا ذيلا. أرادوا وتوقعوا لعائلاتهم أن يكونوا آمنين من استبداد روما.
لقد توقعوا ملكا كالملك داود، أو أعظم منه. عرفوا أن أورشليم ستكون المدينة التي ستبدأ فيها المملكة. وتوقعوا أن يروا إسرائيل تحكم العالم، وبعدها سيبدأ الملك في دينونته، هذا أيضا ما أعتقده الكثير من تلاميذي في ذلك الوقت.
اليوم أيضا، مازال الكثير من أتباعي يؤمنون بنفس الشيء. آمنوا أنني مت على صليب الجلجثة لكي تكون لديهم ثروة هذا العالم وأن يصبحوا رأسا لا ذيلا. هم لا يريدون أن يكونوا فقراء فيما بعد، لهذا فإن دافعهم للإيمان بي هو أنهم يعتقدوا أني سأجعلهم أثرياء من ممتلكات رئيس النظام العالمي، الشيطان.

الصحفي:
لقد ولدت في بيت لحم في اليهودية، لكن معظم الناس يشيرون إليك ب "يسوع الناصري." لماذا؟

يسوع:

كان كثير من اليهود متحيرين من إسمي ومكان ولادتي. "يسوع المسيح" لم يكن إسمي الكامل. ف "المسيح" تعني "المسيا" و "الممسوح". وبسبب هذا الارتباك، لم يقبلني كثير من قادة اليهود وقادة المجمع كالمسيا، لأنهم عرفوني ك "يسوع الناصري" ابن يوسف ومريم.

في وقت خدمتي، كان يتم التعريف بالناس من خلال منطقتهم الأصلية أو مكان إقامتهم. على سبيل المثال، ففي يوم صلبي، الرجل الذي حمل الصليب عندما لم أستطع بعد أن أحمله كان يدعى سمعان القيرواني، ستجد هنا اسمه ومكان اقامته.

هذا يفرق بينه وبين كل الآخرين الذين يدعون ب "سمعان" وأيضا بينه وبين كل الأشخاص القيروانيين الذين لا يدعون بهذا الإسم، قد يضعون إسم الوالدين لتعريف أكثر تحديدا لشخص ما. على سبيل المثال، سمعان القيرواني، ابن دانييل وميتشيل.

برغم إني ولدت في بيت لحم، إلا أن الناصرة كانت المكان الذي عشت فيه إلى أن بدأت خدمتي الجهورية. لهذا تمت تسميتي بالناصري لأنني من الناصرة. لقد عرف الناس أبي وأمي، لكن لم يقضوا وقتا كافيا ليعرفوا المزيد من الحق عنهما. لقد أفترضوا أنني ولدت في الناصرة، وأفترضوا أيضا أن يكون يوسف هو أبي الطبيعي.

لهذا السبب تذمر اليهود مني عندما أخبرتهم "أنا هو الخبز النازل من السماء." عندما قالوا "أليس هذا هو يسوع، ابن يوسف، الذي نعرف أباه وأمه؟ كيف يعقل إذن أن يقول أنه نزل من السماء؟" (متى 7 : 41-42)

لقد أدرك قادة المجمع ومعظم الناس العاديين أن "المسيا" سيولد في بيت لحم. لكنهم كانوا يدعونني "يسوع الناصري." لم يقضوا الوقت الكافي قط لكي يعرفوني جيدا. أتمنى أن تفعلوا أنتم!

الصحفي:

من السهل لنا اليوم أن نرجع بالتاريخ وننظر لنفهم لماذا كنت لغزا لبني إسرائيل. بحسب الذي قيل عنك، ماذا كان غرضك الحقيقي للمجيء إلى الأرض؟

يسوع:

إن الحقيقة النبوية العظيمة التي يكشفها الأنجيل هو أن أبي وأنا حلينا مشكلة الخطية مرة واحدة وللأبد من خلال تضحيتي التي قدمتها على صليب الجلجثة بسبب خطايا البشرية. كان الوعد الذي أعطي إلى إبراهيم هو أنه ستبارك من خلال نسله جميع الشعوب. أنا هو البركة الموعودة - الوعد الذي قام أبي بإبرامه لإبراهيم. لقد قمت بإسترداد كامل الجنس البشري.

لقد أظهر أبي حبه لكم بإرساله إياي، ابنه الواحد الوحيد الجنس، إلى العالم كذبيحة كفارية لإستراداكم من الخطايا. أنا الحل لكل الخطايا ولكل النجاسات. لم يرسلني أبي إلى الأرض ليلعن

العالم لكن لينقذ العالم من خلالي. والذي يؤمن بي لا يدن، لكن الذي لا يؤمن بي يدان، لأنه لم يؤمن بإسم يسوع، ابن الله ابن الإنسان.
أنا مخلصكم. لقد استرددتكم من لعنة الشريعة، لأنها كانت القانون الذي يبقيكم مأسورين من خلال دينونته. أنا فقط من يمكنه أن يكون الفدية البديلة لإطلاقكم من العبودية. هذه كانت خطة أبي للخلاص من البداية.

الصحفي:
ماذا تقصد يا يسوع بقولك "دفع الفدية"؟ وإلى من دفعت هذه الفدية؟

يسوع:
دعني أجيب هذا السؤال بمشاركتك القليل عن الذبائح. في العهد القديم، حسب شريعة موسى القديمة، كان ضروري أن تقدم ذبائح حيوانية لتغطية الخطايا. هذه كانت ترضي أبي، لكن ذلك الغطاء كان ملطخ بالحطيئة، ودم الحيوانات لم يستطع أن ينزع الخطايا. لقد غطاها فقط. لذلك، ونتيجة لأن الخطية لم تكن تنزع منهم، لم يستطع روح أبي القدس أن يستقر داخل أجساده بني إسرائيل.
الطريق الوحيد الذي يمكن الروح القدس أن يستقر فيهم وفيكمن كما حدث مع آدم وحواء في جنة عدن قبل خطيتهم، هو أن تنزع الخطية منكم. وتطلب نزع الخطية فدية لترضي غضب أبي تجاه الخطية.
كان ثمن الفدية أعظم من قدرة أي إنسان خاطيء على الدفع. لأن متطلبات الفدية كانت: إنسان، بكر من رحم مقدس، صالح وكامل بدون خطية أو عيب.
إحتاج الجنس البشري لإنسان كامل يمكنه أن يموت بدلا منكم، كبديل عن كل الجنس البشري، لكي يكون الفدية عن كل الخطايا عن ماضي البشرية، حاضرها ومستقبلها.
إحتجتم شخصا ما ليضمن نزع كل الخطايا ولكي يبرركم أمام أبي "فديتكم من لعنة الناموس عندما أصبحت لعنة من أجلكم.
"خلصتكم حتى تصل البركة الموعودة لإبراهيم، منذ 4000 عام مضت، للأمم من خلالي، بالإيمان، يمكنكم إستقبال وعد الروح" (غلاطية 3 : 13-14) لم يكن الوعد لإبراهيم أن يجعلكم أغنياء ذوي ممتلكات غالية، لكن أن يوحدكم ثانية مع الروح القدس، لذلك، بالإيمان بي، يمكنكم أن تصبحوا أولاد الله مرة أخرى مثل آدم وحواء.

الصحفي:
يسوع، لقد قلت أنك "خلصتنا". ماذا يعني للإنسان أنه "خلص"؟

يسوع:

يعني الخلاص الفداء أو أن ينقذ من الأسر عبر دفع فدية. عندما ولدت على الأرض، كانت هناك طريقة من طرق فداء عبد وهي أن تعرض عبد ذا قيمة مساوية أو أعلى كبديل. وإختار الله أن يفتديكم عن طريق تقديمي، أنا ابنه، بدلا عنكم.

لم تكونوا قادرين على إستعادة ما فقده آدم وحواء في جنة عدن. فمهما حاولتم، لم تكونوا لتجدوا أبدا السلام الحقيقي، الفرحة الحقيقية والهدف الحقيقي من الحياة. لذلك، وضعت حياتي بإرادتي من السماء لكي أصبح كبش فدائكم، أخذت عقوبة الموت عنكم، حتى يمكنكم أن تعيشوا الأبدية معي ومع الله أبي. لقد أصبحت مخلص عائلاتكم.

لقد خلصتكم، مقدما لكم الطريق لكي تسيروا في علاقة روحية مباشرة مع أبي. "أنا هو الطريق والحق والحياة، لكي يعرف الإنسان أبي. لا يأتي أحد إلى الآب إلا بي." (يوحنا 14 : 6)

بدأت قصة الفداء في مصر في المغيب في مساء يوم الخميس، عندما ذبح موسى والعبرانيين الحملان ورشوا دمائها على مقدمات عتبات بيوتهم. لقد فعلوا هذا حتى عندما يمر ملاك الموت الذي أرسله أبي ويرى الدم بدون أن يؤذي أحدا من ساكني تلك البيوت، كان هذا الفصح الأول. في نفس الليلة، بدأ بني إسرائيل الخروج من مصر إلى الحرية. أخبرهم أبي بالتالي: "يجب أن تحفظوا هذا اليوم، حتى تحتفل به الأجيال التالية كعيد للرب، كفريضة دائمة." (خروج 12 : 14)

في تلك الليلة التي ذبح موسى والعبرانيون فيها الحملان ورشوا دمائها على جوانب أبواب بيوتهم وعتباتها، كان هذا الفصح الأول. بعد 1500 سنة، كنت أحتفل بوجبة الفصح مع تلاميذي في أورشليم، عندما أخذت خبزا، وشكرت وكسرته، وأعطيته لهم قائلا: "هذا هو جسدي الذي يعطى عنكم، اصنعوا هذا لذكري." بعد العشاء، أخذت الكأس، قائلا: "هذا الكأس الذي للعهد الجديد لدمي، الذي يسفك من أجلكم." (لوقا 22 : 19-20)

كنت الآن جاهزا لأتمم مشيئة أبي وغرضه من إرسالي إلى الأرض، لكي أدفع ثمن الفدية كحمل الله، لكي أخلص الجنس البشري.

الفصل الثامن
مصلوب من أجلك

الصحفي:

يسوع، أريد أن أسألك عن الساعات القليلة التي قضيتها قبل موتك على الصليب.
هلا تشاركنا أفكارك ومشاعرك تجاه الساعات القليلة الأخيرة من حياتك، بدء بالعشاء الأخير، القبض عليك، والضربات العديدة التي تلقيتها قبيل صلبك حتى الموت.

يسوع:

نعم، سأبدأ بأحداث الخميس مساء حسب تقويمكم. كان ذلك وقتا عصيبا بالنسبة لي. بينما كنا نأكل عشاء الفصح، أخذت بعض الخبز وباركته. بعدها كسرته إلى قطع صغيرة وأعطيته لتلاميذي، قائلا: "خذوا هذا وأكلوه، لأن هذا هو جسدي." ثم أخذت كأس النبيذ وقدمت الشكر لله من أجله وأعطيته لتلاميذي قائلا: "أشربوا كلكم منه، لأن هذا هو دمي، الذي يؤكد العهد بين الله وشعبه. سيسفك كذبيحة لمغفرة خطايا الكثيرين."
بعد العشاء، في ليلة الفصح، قبض علي وأخذت كحمل من المزود لكي يعد كذبيحة.
لقد تم ضربي بعصى خشبية، وتم لكمي في الوجه، ولطمي، وضربت بواسطة أقسى الجنود على الأرض. لقد عروني وجلدوني بسوط كان به قطع حديدية ذات اسنان حادة. لقد صنع خصيصا لكي يمزق اللحم في ظهري لإضعافي. انسكب دمي وخرج من جروحي التي في ظهري إلى الأرض. بعدها وضعوا إكليلا من الشوك على رأسي فخرج المزيد من الدم من رأسي ونزل على وجهي وعلى جسدي إلى الأرض. إستمر ضربي طوال الليل وحتى الساعات الأولى من الصباح.
سرح خيالي بعيدا إلى منذ ستة أيام مضت، عندما دخلت أورشليم، وكيف كانت الجموع الحاشدة تخلع عباءاتها وتقطع أغصان من الأشجار وتضعها في طريقي لأدخل مدينتهم. رحب بي الحشد

الضخم كملك. لقد فرحوا وصاحوا بصوت عالي مليء بالإثارة "أوصنا يا ابن داود!" "مبارك الاتي باسم الرب!" "أوصنا في الأعالي!" لقد ضجت المدينة كلها، لأن الناس سألت: "من هذا؟" أجاب الجمع: "هذا يسوع، النبي الذي من الناصرة في الجليل، الذي يقوم بمعجزات عظيمة."
والآن، بعد ستة أيام، وقفت أمام الحاكم الروماني بيلاطس البنطي، سمعت الجمع يصيح "أصلبه، أصلبه!"
في عيد الفصح الأول، قاد موسى بني اسرائيل للحرية من العبودية والسخرية في مصر. كانت رسالة الله للفرعون هي "دع شعبي يذهب."
الان بعد 1500 عام، اقتادوني في عيد الفصح أنا "حمل الله" خارج أسوار مدينة أورشليم إلى جبل "الجلجثة". لقد سمروا يدي ورجلي على صليب خشبي. تدفق دمي على الصليب إلى الأرض. تحملت عواقب كل الخطايا الفظيعة، الضعفات، الأمراض، الإدمانات، وكل عبوديات الخطايا التي وضعها الشيطان على كامل الجنس البشري. لم أعرف خطية، لكن ألقيت على عاتقي عواقب كل خطايا الجنس البشري في العصر الماضي والحاضر والمستقبلي أيضا.
بدء العهد الجديد الذي أقره أبي وصار ساريا عندما سفك دمي واهرق على الأرض، داخل وخارج مدينة أورشليم، عندما مت على صليب الجلجثة. لقد أتيت لأحطم كل أعمال الشيطان، حتى يمكنكم أن تصبحوا أحرارا.

الصحفي:

يسوع، ماذا تعني بقولك "أتيت لكي أحطم أعمال الشيطان"؟ ماذا حققت، وكيف يمكن لهذا أن يفيد البشرية؟

يسوع:

يقع الجنس البشري تحت سطوة الشيطان الروحية. لقد جعلكم مربوطين في قوة ظلامه ومستعبدين لعبودية الإدمانات لإرضاء رغائب عقولكم وأجسادكم. لقد احتجتم للخلاص، لذلك ومن خلال صليب الجلجثة قمت بتحطيم كل أعمال الشيطان المتسلطة عليكم.
خلال خدمتي على الأرض، حاول الشيطان مرات عديدة أن يقتلني لكن باءت محاولاته بالفشل. كنت دائما أهرب. أما الآن، ففي الجلجثة، كان يتم مراده. كان الشيطان سعيدا للغاية. لقد حقق هدفه. لقد جعلني في المكان الذي كان يريدني فيه تماما، مسمرا على الصليب، على مشارف الموت.
لم يكن لدى الشيطان أي علم بخطة أبي الرائعة لإرسالي إلى الأرض، أنا ابنه الوحيد، كذبيحة كفارية لمرة واحدة وللأبد. لقد كانت الأضحية الكاملة لدفع الفدية كاملة والتي قام به الله من أجل خطايا كل البشرية.

كانت الكلمات الأخيرة لي قبل موتي على الصليب "لقد أكمل" وبعد ذلك أملت رأسي، وأنطلقت روحي، ومت

الصحفي:
ماذا قصدت بقولك "قد أكمل"؟ هل كنت تشير إلى موتك أو إلى مهمتك التي أتيت بسببها وقد أنجزتها؟

يسوع:
عندما صرخت ب "قد أكمل" قلتها بأعلى صوت كنت أستطيع الصراخ به. لكي يسمعها الكل. لم أكن أتحدث عن موتي.
لقد قمت بإعلان أن سلطة الشيطان وعبودية الخطية، الموت والجحيم الذي احتجز فيه الجنس البشري منذ جنة عدن قد إنتهى. لقد أخذت منه ما امتلكه بالخديعة.
عندما قلت "قد أكمل" أخذت نفسي الأخير وانطلقت روحي. بدأ الشيطان في إدراك ما كان يحدث. فقد تمت إرادة أبي الجديدة أمام عينيه، ولم يكن هناك أي شيء يمكنه فعله حيالها.
أدرك الشيطان فجأة الخطأ الكبير الذي اقترفه، ذلك الخطأ الذي لن يمكنه التعافي منه أبدا. لقد اعتقد انه خطط بنجاح لموتي. لكن أدرك بعدها أن أبي وأنا نصبنا له كمينا. لقد تسبب موتي في إدانته. فعندما قمت من الموت إلى الحياة، دمرنا أعماله وتسلطه على البشرية، محطمين تحكمه في الجنس البشري.
عندما انطلقت روحي ومت، "في تلك اللحظة انشق حجاب الهيكل إلى اثنين من الأعلى الى الأسفل. وتزلزلت الأرض، وانقسمت الصخور. وانفتحت القبور، وقامت من الأموات أجساد الكثير من القديسين. خرجوا من القبور، وبعد قيامتي ذهبوا إلى المدينة المقدسة وظهروا لأناس عديدين. عندما رأى قائد المئة والذين كانوا يحرسوني الزلزلة وكل ما حدث، ارتعبوا وقالوا "حقا، لقد كان هذا الانسان ابن لله!" (متى 27: 50-54)
أصبحت المعركة الروحية عنيفة جدا لدرجة أني ظهرت للعالم الجسدي ومزقت الحجاب الثقيل الكثيف في الهيكل الى قطعتين. لقد فصل هذا الحجاب القدس، حيث كان الكاهن يدخله يوميا عن أقدس مكان على وجه الأرض "قدس الأقداس" حيث كان رئيس كهنة بني إسرائيل يدخله مرة سنويا لكي يقدم لأبي ولي دم حيوان ذكر بلا عيب عمره سنة واحدة، والذي تم تقديمه كذبيحة لنا لكي يغطي خطايا الأمة الإسرائيلية. لم يكن يستطيع أحد أن يدخل "قدس الأقداس" وأن يبقى حيا، ماعدا رئيس الكهنة حيث كان مسموحا له بدخوله مرة واحدة فقط كل عام. أنهى الحجاب الممزق العهد القديم "شريعة موسى" جاعلا إياها باطلة. لقد تم تأسيس عهدا جديدا أفضل.

عندما ضحيت بحياتي وبدمي، قبل الآب دمي كذبيحة كفارية تقدم مرة واحدة لخطايا الماضي، الحاضر، والمستقبل من أجل البشرية. لقد غير كل من موتي، دفني، وقيامتي دور الذبيحة والإعتراف بالخطايا وأسسوا "العهد الجديد" بدمي ووضعوه موضع التنفيذ.

لقد تم إبطال الذبائح الحيوانية! لقد أصبحت ذبيحتكم الدائمة، مقدما لكم الطريق والحق، اللذان يسمحا لكما بالإعتراف بأسلوب حياتكم الخاطيء أمام أبي لتنغسلوا في دمي، حتى يمكنكم التصالح مع أبي.

لا تحتاجوا بعد الان أن تعترفوا بخطاياكم لأي إنسان على الأرض. أنا رئيس كهنتكم والشخص الوحيد الذي يمدكم بحق الدخول المباشر لأبي، الله، والذي يجب أن تعترفوا له بخطاياكم. لا يوجد أي طريق أخرى.

الصحفي:

ماذا كان السبب في كسر عظام رجلي اللصين اللذين صلبا معك؟ ولماذا لم يكسروا عظام رجليك؟

يسوع:

كان اليوم الذي صلبت فيه هو اليوم الأول من الفصح، وهو الوقت الذي يأمر فيه القانون اليهودي بإنهاءأي نشاط في نهاية اليوم (الساعة الثانية عشر، 6:00 مساء).

كنتيجة للجلدات والضربات التي تلقيتها في الليلة السابقة، مت حوالي الساعة 3:00 مساء، حيث كان موتي أقرب من موت المجرمين الإثنين اللذين صلبا معي. بعد موتي بقليل، كسر الجنود الرومان أرجل المجرمين الإثنين ليتأكدوا أنهم سيموتوا بسرعة. سبب كسر الأرجل كان أن يوقفونا من إستخدام أرجلنا لدفع أنفسنا لأعلى لنتنفس. فبأرجل مسكورة، سيكون الألم شديدا جدا عندما ندفع أنفسنا لأعلى، وبذلك نختنق أسرع كثيرا.

كنت ميتا بالفعل عندما أتوا إلي، لذلك فبدلا من كسر أرجلي، أخذ واحدا من الجنود الرومان الماهرين في الرماية حربته وغرزها في قلبي ليتأكد من موتي. تدفق ماء ودم. أحتاجوا أن ينزلوا الجثامين الميتة من الصلبان ليضعوها في المقابر قبل نهاية اليوم لكي لا يخرجوا عن الشريعة اليهودية.

لقد كنت إنسانا مثلك، لقد مت ميتة شنيعة، حتى أحطم بموتي من يتملك قوة الموت، الشيطان. (العبرانين 2 : 14)

أنزلوا جسدي من الصليب ووضعوه في مقبرة مستعارة.

الصحفي:

بعد أن مت على الصليب وضعوا جثمانك في مقبرة، لكن أين ذهبت روحك خلال تلك الأيام الثلاثة بدء من موتك حتى قيامتك؟

يسوع:

أريد أن أشكرك على إثارتك لهذا السؤال، لأن الإجابة على سؤالك هذا تعتبر واحدا من الأسباب الرئيسية التي أرسلني الآب إلى الأرض من أجلها.

دعني أشاركك جزء بسيطا من تاريخ الموت وأين تذهب أرواح البشر عندما يموتوا الموت الجسداني على الأرض.

قبيل موتي وقيامتي، وعندما كان يموت إنسان، كانت كل ارواح الموتى تنزل إلى الجحيم. كان هناك جانبان من الجحيم، جانب للأبرار ويدعى ب "حضن إبراهيم" وعلى بعد منه حضن ابراهيم، لكن ينفصل عنه بهوة عظيمة يقع الجانب الآخر من الجحيم، وهو الهاوية، حيث مكان الأرواح الشريرة.

ما تزال الهاوية موجودة وتقع في أسفل الأرض. وهي تشبه مدينة ببوابات. توجد في الهاوية أرواح الموتى الأشرار في العهد القديم وأيضاأرواح هؤلاء الذين ماتوا ولم يؤمنوا بي ويطيعوا وصاياي حيث تتألم، وتتعذب من النار والظلام.

برغم ذلك، فإنه لا ترسل أرواح الأبرار الى الجحيم إلى تحت الأرض في حضن إبراهيم أيضا، لكنها أصبحت تمكث معي في الفردوس.

حدث هذا التغيير عندما سألني أحد اللصين الذين صلبا معي في جبل الجلجثة بإخلاص قائلا أن أذكره عندما أتي إلى ملكوتي. أخبرته: "اليوم تكون معي في الفردوس."

عندما مت على الصليب في الجلجثة، رقد جسدي في المقبرة. لكن نزلت روحي إلى الجحيم، حيث هزمت الشيطان في ملعبه. حطمت كل حصونه، كل قلاعه، وكل قواته الظلامية. أخذت من الشيطان سلطته التي سرقها من آدم، حيث نزعت منه رئاسته على كل البشر الذين يؤمنون بي والذين أختاروني ربا على حياتهم.

الصحفي:

يسوع، لقد قلت أنك نزلت إلى الجحيم، لكن يقول الكتاب المقدس أنك عندما مت على الصليب قلت "أبي، في يديك أستودع روحي." أشعر ببعض الأرتباك، هل صعدت إلى الآب في السماء، أم نزلت إلى الجحيم؟

يسوع:

سؤال جيد. لقد انتظرت حتى أوضح هذا الأمر لأن بعض الناس قاموا بإقتباس هذه الجملة بطريقة خطأ وأساءوا إلى نواياي.

منذ 2000 عاما مضى، كنت مثلكم في كل شيء، إنسانا كاملا. كان لدي جسد، ونفس، وروح. وضع جسدي في قبر يوسف الرامي. عندما مت على الصليب، وفي اللحظة التي زفرت فيها آخر أنفاسي، استودعت روحي إلى أبي، ونزلت نفسي إلى قلب الأرض لمدة ثلاثة أيام. (متى 12: 40).

لم أتحمل مجرد غضب الله نيابة عنكم، لكني أيضا تحملت الموت الجسداني والموت الروحي، وهو انفصال روحي عن جسدي، والإنفصال عن الآب. كان جسدي في قبر يوسف، ونفسي كانت في الجحيم لمدة ثلاثة أيام، في باطن الأرض.

الصحفي:

منذ لحظات، قلت أن "حضن ابراهيم" كان يوجد في الجحيم. ما الذي حدث؟ وأين هذا المكان اليوم، وما الذي تسبب في نقل موقعه؟

يسوع:

بعد أن إنتهيت من التغلب على أعمال الشيطان في الجحيم، أخذت مفاتيح الموت والهاوية من الشيطان. أخبرت كل القديسين "الأخبار السارة" الخاصة بمجيئي.

بعدها نزعت الأقفال وفتحت بوابات الجحيم، وحررت قديسي العهد القديم. فقد تم خلاص ابراهيم، اسحق، يعقوب، ويوحنا المعمدان وكل بقية قديسي العهد القديم من قوة الشيطان والجحيم اللتين وقعا فيهما، حيث كانوا مسجونين هناك كأسرى حرب. لقد حررتهم.

عندما خرجت من الجحيم، كنت باكورة من هزموا الموت وعادوا إلى الحياة. لقد أحضرت معي، وأنا خارج من الجحيم، كل هؤلاء الذين حررتهم من سلطة الموت في الجحيم. لقد أحضرتهم ثانية للحياة، معي. لقد ذهبوا إلى أورشليم وشهدوا عني وعن كل ما حدث.

لقد حطمت حقا كل السلطة الروحية للشيطان على الجنس البشري. حتى لا يكون للشيطان فيما بعد أي سلطة للإقتراب من هؤلاء الذين يؤمنون بي وبكل ما أمثله، إلا إذا أعطاه أبي أو هم الإذن بذلك.

الصحفي:

يسوع، لم أسمع مطلقا عن أي شخص قام من بين الأموات معك.

يسوع:

بعد قيامتي بقليل، وفي منطقة المقابر خارج أورشليم، انفتحت القبول، وقامت كثير من أجساد القديسين الراقدين، وخرجوا من القبور، ودخلوا إلى المدينة المقدسة، وظهروا لأناس كثيرين. لقد كان هناك المئات من شهود العيان (متى 27: 52-53).

لقد أحضرت معي هؤلاء القديسين الذين قد حررتهم من الجحيم. هؤلاء هم الذين دخلوا أورشليم وشهدوا لي.
عندما خرجت من قبر يوسف حيا، أخبرت تلاميذي وأتباعي أنني كنت ميتا لكن ألمسوني وأنظروني، أنا الآن حيا، وسأحيا إلى أبد الأبدين! وأنني أستعدت مفاتيح الموت والقبور.

الصحفي:
ماذا تعني بقولك أنك "إستعدت مفاتيح الموت والقبور؟" أليس الموت والقبر هو نفس الشيء؟

يسوع:
يعني الموت بالنسبة للآب الإنفصال عنه. فعندما أخطأ آدم وحواء، أصبحوا منفصلين عن الآب.
لا يستطيع الروح القدس أن يحيا بداخل أي شخص تعيش الخطية فيه. نفس الأمر اليوم: فالشخص المنفصل عن أبي يعتبر ميتا بالنسبة لنا، حتى ولو كان حيا من الناحية الجسدانية.
إن كنت تعيش حياة الخطية ومن بعدها مت وطبيعة الشيطان الخاطئة بداخلك، فعندئذ ستنفصل عنا طوال الأبدية. هذا هو الموت!
لقد أتيت إلى الأرض لأعطيكم الطريق والحق في أن تنهوا موتكم، تنهوا إنفصالكم عن الله، طوال بقائكم أحياء على الأرض. ما أن تموت أجسادكم، فمصيركم وحالتكم الروحية لا يمكن تغييرهما.
عندما مت على الصليب، تركت نفسي جسدي وسافرت إلى الجحيم، تماما مثل قديسي العهد القديم. أصبحت منفصلا عن الآب، لكني لم أُترك هناك. أقامني أبي وأقام قديسي العهد القديم من الموت. وأتحدت نفسي مع جسد ممجد جديد، وأصبحت حاملا لمفتاحين.
المفتاح الأول لكي أهزم موتكم وإنفصالكم عن الآب. ففي موتي وقيامتي، أعطيتكم الطريق، الحياة والحق لكي تصبحوا أولادا لأبي.
مفتاح الموت الأول، الإنفصال عن الله، يعطى لكم مجانا لتستخدموه. إن إخترتم أن تؤمنوا بي وتطيعوا وصاياي، سيأخذ حينها أبي دمي ويغسل الطبيعة الخاطئة وكل خطاياكم وينزعها عنكم، وسيطهركم ويستعيدكم لحالة القداسة والصلاح، وسيأتي روحنا القدوس إليكم ليستقر فيكم.
يأتي كل أولاد أبي إلى صليب الجلجثة ليعترفوا بأي فعل أو تفكير خاطيء في اللحظة التي يحدث فيها ذلك ونحن نغفر لأي ولكل الناس الذي يخطأون في حقهم، في اللحظة التي يخطأوا فيها.
لهذا السبب لا حاجة إلى الدينونة في السماء لأولاد أبي. تحدث دينونة الخطية على الأرض لهؤلاء الذين يؤمنون بي وتبعون وصاياي. سأدين أعمالكم وأفعالكم الصالحة في السماء لكي

أكافئكم، لكن لا حاجة لإدانة خطاياكم، لأنكم لن تكونوا معي وبداخلكم أي خطية. لأن نزع الخطية منكم قد حدث فعلا على الأرض عندما أعترفتم بخطاياكم وتم غفرانها.
يمر الابن الحقيقي لله بموتين. يحدث الموت الأول بينما ما يزال حيا جسديا على الأرض. ففي اللحظة التي تختار فيها أن تؤمن بي وتتحدث فيها بصوت عالي طالبا مني أن أكون "رب حياتك روحيا" تكون قد أقلت الشيطان من منصبه، متسببا في الموت الروحي للخطية والطبيعة الخاطئة وشهوات العالم.
في الموت عن الخطية وعن الشيطان، تصبح حيا مع روحنا القدس الذي بداخلك. لا يكون للشيطان أي سلطة روخية عليك فيما بعد، لأنك أعلنت أنك ابنا لله. هذا هو الموت الأول.
أما موتك الثاني فهو عندما يموت جسدك الفيزيائي. ففي لحظة ستكون مع أبي للأبد. لن يدان أولاد الله على خطاياهم في السماء، لأن الخطية لا تستطيع أن تدخل السماء، وتم نزع خطيتكم فعلا بينما كنتم على الأرض.
أما الأخبار السارة فهي ما قمت به على صليب الجلجثة، وما قمت به في الجحيم، وما حققه روحي أبي القدوس في قيامتي من الموت للحياة، جاعلا روحي تتحد مرة أخرى مع جسدي. قمت بكل ذلك لأعطيكم أكبر تشجيع لكي تواجهوا الموت وأن تفعلوا ذلك بدون خوف، عالمين أن الروح القدس الذي أقامني من بين الأموات للحياة، سيفعل نفس الشيء لكم.

الفصل التاسع
أنا هو، أنا قلت .. أنا هو، أنا قلت

الصحفي:
يسوع، عندما خرجت من القبر حيا، هل يمكنك وصف أفكارك وبم شعرت وماذا فعلت؟

يسوع:
نعم، باستخدام تقويمكم الحالي، كان الوقت هو الأحد صباحا عندما خرجت من مقبرة الموتى حيا ووقفت أمام السماء، الأرض والجحيم منتصرا إنتصارا لا جدال فيه هازما الشيطان والخطية. كنت مبتهجا جدا عالما أن أبي قد سر لأن العمل الذي أرسلني كي أعمله قد تم. لقد تم تنفيذ إرادة أبي كاملة. لكني عرفت أنه لابد أن أظهر لتلاميذي وأوضح وأثبت تعاليمي فيهم.

الصحفي:
ماذا فعلت في هذه الساعات القلائل بعدما قمت من الأموات؟

يسوع:
بعد فقط بضع ساعات من قيامتي من الأموات، ذهبت إلى تلاميذي. كان كثيرون منهم مجتمعين معا خلف الأبواب المغلقة، خائفين من احتمالية قتل القادة اليهود إياهم. دخلت الى الحجرة التي كانوا مجتمعين فيها، بدون فتح الباب المغلق، وقلت لهم "سلام لكم!" كانوا مصدومين وفي رهبة، متفكرين في قلوبهم أنهم قد رأوا شبحا. لذلك كررت سلامي لهم "سلام لكم! كما أرسلني أبي، أرسلكم أنا الآن." بعدها، نفخت فيهم وقلت "اقبلوا الروح القدس." (يوحنا 20 : 19-22)

الصحفي:

63

ما الذي أو الذي كان مهما جدا بشأن قبول الروح القدس؟

يسوع:
عندما أخطأ آدم وحواء، ترك الروح القدس الذي كان يستقر بداخلهما، ترك جسديهما، وأصبحت كل البشرية ميتة روحيا وبقيت ميتة حتى منذ 2000 عام مضت. هذا عندما أقامني أبي من الأموات. أمد كلا من موتي، دفني وقيامتي البشرية الحق لتصبح أولاد وبنات الله وذلك عن طريق الولادة من جديد بدخول الروح القدس فيهم، مثلما كان مستقرا في آدم وحواء قبل السقوط.
لقد حطمت كل أعمال وحصون ومعاقل الشيطان وسلطته على البشرية وذلك لصالح كل الشعوب وكل الأمم. وأزلت الحواجز الروحية التي وجدت منذ سقوط آدم وحواء. يمكنكم الآن من خلال اسمي أن تقتربوا من الآب وأن تتوبوا، وأن تتصالحوا معه ليتم خلاصكم، وأن تولدوا ثانية بالروح القدس وأن تسيروا معا مثلما كان يفعل آدم وحواء قبل الخطية. لذلك في يوم القيامة، عندما نفخت في وجوه التلاميذ نفخة الروح القدس، قبلوا الروح القدس مرة أخرى.
لقد سألتني عن مدى أهمية الروح القدس؟ إنه ضروري للغاية. لا يمكنك دخول ملكوت أبي بدون الولادة ثانية من الروح القدس.

الصحفي:
يسوع، ما التعليمات التي أعطيتها لتلاميذك بخصوص موتك وقيامتك؟

يسوع:
ان موتي، دفني وقيامتي المعجزية من الموت للحياة وصعودي إلى السماء حيا قد تتموا خطة أبي الكاملة لخلاص الجنس البشري.
أتمنى أنكم تستطيعوا رؤية مدى شعوري بالروعة عندما أخبرت تلاميذي "أعطيت لي كل سلطة في السماء وعلى الأرض، لذلك اذهبوا وتلمذوا جميع الأمم، وعمدوهم باسم الآب والابن والروح القدس. علموهم أن يطيعوا كل شيء أوصيتكم به. وها أنا معكم كل الأيام وإلى إنقضاء الدهر." (متى 28 : 18-20).
في بداية كرازتي، أخبرت تلاميذي "سأعطيكم مفاتيح ملكوت الله، ما تربطونه في الأرض يكون مربوطا في السماء، وما تحلونه على الأرض يكون محلولا في السماء." (متى 16 : 19).
أردتهم أن يدركوا السبب في إستخدامي للفعل في زمن المستقبل وهذا بسبب أنني لم أكن قد حطمت معاقل الشيطان حتى ذلك الوقت.
الآن قد أكملت إرادة أبي، لذلك فأي أحد يؤمن بي يمكنه أن يعمل الأعمال التي عملتها ويعمل أعظم منها أيضا، لأنني كنت على وشك الصعود لأبي.

أعطيتهم السلطة لكي يستخدموا اسمي وأخبرتهم مدى أهمية أن يكون لكل واحد منهم علاقة مع أبي.
وأهم شيء أخبرتهم كان "إن أحببتموني، اطيعوا وصاياي."

الصحفي:
ماذا تقصد ب "أن يكون لكل واحد منهم علاقة مع الله"؟ كيف يمكننا أن نبني علاقة مع الله؟

يسوع:
أتيت للأرض حتى يتمكن البشر من أن ينالوا الحياة الأبدية مع أبي ومعي. والحياة الأبدية هو أن تعرفوني وأن تعرفوا الاله الوحد الحقيقي، الذي أرسلني. (يوحنا 17 : 3)
إن الطريقة الوحيدة لكي تعرف شخصا ما هي بقضاء الوقت معه، التحدث والمشاركة والتعلم حول ذلك الشخص، وبذلك تنمو العلاقة.
تبنى العلاقة مع أبي ومعي بنفس الطريقة. يجب أن تبحثوا لتعرفوا ما الذي يرضي أبي ويجب أن تعرفوا إرادته وذلك من خلال الصلاة وقراءة الكتاب المقدس.
لقد مررت بكل ما مررت به لكي أؤسس علاقتكم معنا. يجب أن تعرفوا أبي وتعرفوني وتعلموا الحقوق التي لكم والمنافع التي ستتلقونها كأبناء لله.

الصحفي:
يسوع، هل خطة الله الخلاصية التامة والعهد الجديد هما نفس الشيء أم أنهما شيئان مختلفان؟

يسوع:
هذا سؤال رائع. عهد أبي الجديد وخطته التامة للخلاص هما شيئا واحدا.
إن عهد أبي الجديد وخطته للخلاص هما البركة التي وعد أبي ابراهيم عندما قال له "بنسلك تتبارك جميع الأمم والشعوب" لقد أتممت هذا الوعد، والآن يمكنكم الاستفادة منه. "لقد اشتراكم أبي حتى تكون البركة المعطاة لابراهيم للأمم أيضا من خلالي، حتى يمكنكم بالإيمان أن تتلقوا موهبة الروح القدس." (غلاطية 3 : 14)
من فضلك افهم أن انتصاري على الشيطان وتدمير كل أعماله سيؤثر فقط على هؤلاء البشر الذين يحبونني، يؤمنون بي، ويطيعوا وصاياي كمخلصهم. إن لم تؤمن بي، لن تعرف أبي، وسيظل الشيطان هو أباك الروحي.

الصحفي:

لماذا نحتاج لعهد جديد؟ ما الخطأ في العهد القديم؟

يسوع:
بعدما انكسر عهد أبي مع آدم، انتشرت الخطية وشر قلب الإنسان في كل العالم منذ وقت آدم، حتى أعطي كل من الناموس والوصايا العشر إلى موسى. لكن لم تتغير الخطية ولم تحسب عواقبها ضد أي أحد منذ آدم حتى موسى، لأنه لم تكن هناك شريعة لتطاع أو ليتم عصيانها حتى أعطى الله الناموس لموسى. لكن الكل من وقت آدم لوقت موسى قد مات موتا جسديا.
كان موسى وسيط الشريعة الموسوية، والتي تعرف بالعهد الأول. لقد كان هو الوسيط بين أبي وبين بني إسرائيل. لكن لم يستطع موسى أن ينزع خطاياكم. لقد تم إستخدام دماء الذبائح الحيوانية مرات عديدة لكي يغطي خطايا بني اسرائيل. لقد بين ناموس موسى خطاياهم وحاجتهم الماسة إلى علاقة حية مع خالقهم. لقد كان الناموس بمثابة حارس السجن الذي يراقب البشرية التي في عهدته حتى بدأ الإيمان بي.
لقد كان الناموس كالمعلم: لقد صحح ووجه طرق العبرانيين حتى تجسدت، حينها قد أتى الوقت الذي لم يعد الناس في حاجة للناموس أكثر.
أحضر العهد القديم الخطية اليكم لكنه لم ينزع الطبيعة الخاطئة منكم.
لقد أتممت الناموس وذلك بالكرازة عن ملكوت السموات والعهد الجديد عندما سفكت دمي على عود الصليب كذبيحة دائمة لكل الناس ولكل الشعوب.
سيغسل دمي كل طبائعكم الخاطئة وكل خطاياكم، مهما كان ما فعلتموه. لقد أمددت البشر بالحق والطريق لكي يأتوا إلى أبي عن طريقي، وأن يختاروا بإرادتهم الحرة أن يكونوا أبناء أبي، وذلك عن طريق الإعتراف بخطاياهم وطلب الغفران. ستنزع فورا طبيعتكم الخاطئة وخطاياكم عنكم، وسوف ياتي روحنا القدوس ويحل فيكم. لقد تمت ولادتكم مرة أخرى روحيا، مثل آدم وحواء قبل السقوط. في هذه اللحظة، ستصبحون كاملين، مقدسين، وصالحين في عيني أبي، حتى ولو كنتم مؤمنين صغار ومازلتم تحتاجوا أن تتعلموا أسلوب الحياة الجديدة.
هذا هو سبب كوني وسيط العهد الجديد، والذي أفضل وأكمل بكثير جدا عن العهد القديم. لقد مت كفدية لتحريركم من الخطايا التي تم التعدي بها تحت العهد الأول.
بوصف هذا العهد بكلمة "الجديد"، فقد جعل أبي العهد الأول قديما، وما هو قديم ومهمل سوف يختفي قريبا. (عبرانيين 7 : 22 ، 8 : 7 ، 9 : 15)
العهد الجديد لأبي هو اتفاق قانوني روحي، وهو ملزم وشرطي. فالإختيار الذي تتخذه تفعله بإرادتك الحرة. يمكنك إختيار قبولي وأن تنضم لأجناد السماء، أو يمكنك رفضي وأن تبقى مسئولا عن حياتك. سوف نكرم أنا وأبي خياراتك.

من تقولون إني أنا؟

لو رفضت خطتنا في المصالحة، سوف تقضي كل الأبدية مع الشيطان في مكان يدعى "جهنم" والذي خلقناه للشيطان ولأتباعه. ليس هذا ما نريده أبي وأنا لك، لكن يجب علينا أن نكرم إختيارك بإرادتك الحرة.

أمل أن "تدخل من الباب الضيق، لأنه واسع الباب ورحب الطريق المؤدي للهلاك، وكثيرون يدخلون منه. لكن ضيق وصعب الطريق الذي يؤدي للحياة، وقليل هم الذين يجدونه." (متى 7 : 13-14)

"ليس كل من يدعوني يا رب يا رب يدخل ملكوت السموات. لكن الذي يعمل مشيئة أبي الذي في السموات. في اليوم الأخير كثيرون سيقولون لي يا رب يا رب! لقد تنبأنا بإسمك وأخرجنا شياطين بإسمك وقمنا بمجزات كثيرة بإسمك. لكني سأرد هكذا لم أعرفكم قط، إذهبوا عني يا فاعلي الإثم" (متى 7 : 21 - 23)

يحبكم أبي كثيرا جدا لدرجة أنه أرسلني لأموت بدلا عنكم.
أحبكم أنا أيضا كثيرا جدا، لقد أطعت إرادة أبي تجاهي وأتيت من الأبدية للأرض لأنقذكم من الإنفصال الروحي الأبدي عنا.
إن خطة الله التامة لخلاصكم متاحة لك. كل ما تحتاج أن تفعله هو أن تختار أن تؤمن بي وأن تحبني كفاية لتطيع وصاياي.
أو أن ترفضني.
إنه إختيار بإرادتك الحرة.
إن كنت تعتقد أنه يمكنك أن تبقى محايدا أو أن تدعي الحياد، يمكنك هذا، لكن هذه الأرضية تابعة للشيطان. وتدعى "الفتور" ولن يكون بمقدور أبي أن يفعل أي شيء لك إن كنت فاترا. إلا أنه سوف يتقيأك من فمه. (الرؤيا 3 : 15-16).

داني كليفورد

الفصل العاشر
ابن الله، أو الله Allah ونبيه

الصحفي:

يسوع، لم لا تنتشر المسيحية في البلاد الشرق أوسطية وبلاد شمال أفريقيا، بينما تنتشر بها ديانة الإسلام وتتوسع؟

يسوع:

تقريبا، هناك حوالي 3 بليون إنسان في تلك المناطق من العالم (والمناطق التي تجاورها من ناحية الشرق = المترجم) لم يسمعوا على الإطلاق عن إسم يسوع و"البشارة المفرحة" عني. ينقسم سبب ذلك إلى نقطتين.

الأولى، معدل الأمية الكبير جدا في تلك المناطق. عبر التاريخ، كانت وسيلة التواصل (الأساسية = المترجم) ومازالت (ربما حتى وقت كتابة المؤلف لهذا الكتاب، لأن الوضع تغير نوعا ما مؤخرا = المترجم) عندهم هي حكي القصص والحكايات. فهم يتجمعون معا في قراهم ويتشاركون القصص والأحداث عبر كلمات الفم. أما عن الكتب، المجلات، والجرائد والأجهزة الإلكترونية فتعتبر غير موجودة في تلك المناطق (كان هذا قبل بضع عقود = المترجم).

أما النقطة الثانية فهي أن الامبراطورية الإسلامية الشريرة تتحكم في جماعاتها عن طريق أبقائهم غير مدركين وغير مخبرين عن حبي وعن حب أبي لهم وعن خطة الخلاص العظيمة المعدة لهم. يتحكم الرؤساء وذوي السلطة في الأغلبية العظمى من الشعوب في تلك المناطق عبر إجبارهم ولو جسديا بإتباع دين الإسلام. في الحقيقة، يبين التاريخ المكتوب أنه بدء من القرن السادس (يقصد السابع = المترجم) حتى الأمس القريب ومازالت تنمي الديانة الإسلامية شرورها عبر الحروب الجسدانية.

تخبرنا كتب التاريخ أنه، وبينما كانوا يغزون الأمم من أجل نهب أراضيها وسرقة ثروتها، كانوا يعرضون على الناس من الأمم المنهزمة أن يختاروا ما بين قبول الإيمان بالإسلام ويعيشوا خاضعين للإسلام أو أن يقتلوا.

الصحفي:
كيف ومتى بدأ دين الإسلام؟

يسوع:
أنا سعيد لأنك سألت هذا السؤال، لأن معظم الناس لا يعرفون الحقيقة حول التعليم الخاطيء للإسلام.
بعد 300 عام تقريبا من إنهائي العمل الذي كلفت به من قبل الآب على الأرض، بين عامي 312 و 313 بعد الميلاد، وقع الإمبراطور الروماني قنسطنطين (قسطنطين) العظيم إتفاقية أكدت على التسامح الديني تجاه الناس الذين يؤمنون بي "المسيحيين". منحت هذه الإتفاقية للمسيحين الحرية الدينية، وأوقفت قتل وإغتيال أتباعي، والذي بدأ فورا بعد موتي، قيامتي، وصعودي إلى السموات.
أعطي المسيحيين حقوقا، تتضمن إستعادة الملكيات المسروقة التي أخذت منهم، وأيضا أعطيوا الحق أن يبنوا الكنائس.
في عام 324 بعد الميلاد، غير قنسطنطين مقر حكمه ونقله إلى أكبر مدينة مسيحية تركية ودعاها بيزنطة، والتي تم دعوتها بالقسطنطينية، وتدعى اليوم اسطانبول في تركيا. في عام 325 بعد الميلاد، أختيرت المسيحية لتكون ديانة العالم كله وذلك بواسطة الملك قنسطنطين الكبير.
بعد 250 عام من جعل قنسطنطين الكبير المسيحية ديانةالعالم، ولد محمد في عام 570 بعد الميلاد، في مدينة مكة، والواقعة في الجزيرة العربية. إدعى محمد أنه حظي برؤية من إله يدعى الله Allah موجها إياه، محمد، ليكون معلما للإيمان الجديد، والذي دعي بالإسلام، والذي يعنى حرفيا "خضوع - تسليم - خنوع - طاعة - رضوخ". إشتق هذا الإيمان الجديد بعض المباديء والقصص من اليهودية والمسيحية.
إدعى أيضا أن الله Allah أخبره أنه سيكون النبي الأخير (خاتم الأنبياء) ولهذا، فإن الرؤى التي تلقاها من الله هي كلمات الله الأخيرة، وهي تنسخ (النسخ يعنى أنه إن كان هناك عدم إتفاق بين الكتاب القديم والكتاب الجديد فإن الأصح سيكون الجديد = المترجم) كل إعلانات أبي الأخرى، والتي تتضمني أنا شخصيا وما أرسلني أبي لتحقيقه. أملى محمد أفكاره - والتي ادعى أنها رؤى من الهه Allah - على أتباعه، في كتاب دعاه القرآن.

لقد قام محمد بنفس الشيء الذي قام به الشيطان في جنة عدن. حيث أخذ محمد كلام أبي، حرفه، وغيره، وجعله مقبولا وذا فائدة للناس الذين تكلم إليهم به. مع ذلك، ما ادعاه محمد، وما أملاه في القرآن ليس هو الحق.

قرأ محمد التوراة، وهي أول خمس كتب (أسفار) من الكتاب المقدس، والتي كتبت بواسطة موسى 2000 عام قبل حتى ولادة محمد.

استعار محمد كتبنا المقدسة وغيرها. وجعل إبراهيم الأب الأكبر للديانة الإسلامية، حيث يمكن للإسلام تتبع ميراثه من ابراهيم من خلال إبنه إسماعيل.

دعني أوضح لك الأمر، بعد سنوات عديدة من الزواج، لم تلد ساره زوجة إبراهيم أي أولاد له. لقد عرفت أن أبي وعد إبراهيم ووعدها أنه سيكون لهم نسل كثير العدد. لذلك حاولت تحقيق الأمر بمشورتها الخاصة، وجعلت جارية مصرية تدعى هاجر في سرير ابراهيم حتى يمكن لإبراهيم أن يعاشرها لتتمكن من إنشاء عائلة لها ولإبراهيم من خلال الجارية. ووافق ابراهيم على ذلك.

حبلت هاجر بولد ودعي إسماعيل، ولد حوالي العام 2080 قبل الميلاد، لكن لم يكن هذا هو الولد الذي وعد به أبي إبراهيم. لا يمكن أبدا لأبي أن يتصرف ضد كلامه ومشيئته. ففي الخليقة، خلق أبي المرأة كمعين للرجل. حيث التصق رجل واحد بإمرأة واحدة وهذا هو المعيار الذي أسس الله أبي الزواج على أساسه، حيث يولد الأطفال من خلال الزواج، فيما عدا ذلك فهو معيار أسسه الإنسان لا الله.

بعد حوالي 15 عام، في 2065 قبل الميلاد، ولد اسحاق من رحم ساره ومن خلال ابراهيم، كما كان وعد أبي لهما. بعد 15 عام أيضا، أخذ إبراهيم اسحاق إلى الجبل الذي أراه أبي له، جبل المريا، وقدم اسحاق كذبيحة.

عبر الكتب الخمسة الأولى من الكتاب المقدس، التوراة، كان اسحق هو الابن الوحيد الذي وعد به أبي إبراهيم.

في الحقيقة، عاد محمد بالتاريخ حوالي 2500 عام وغير الحقيقة التاريخية المدونة في التوراة أن اسحق هو ابن العهد، الذي وعد به أبي إبراهيم وسارة ليكون إسماعيل هو هذا الإبن. لقد غير محمد حرفيا كامل القصة وأعاد كتابة التاريخ عبر أكاذيبه والمخادعة والمحرفة التي يؤمن بها بلايين الناس، لأنهم لم يسمعوا قط الأخبار السارة عني وعن ملكوت السموات الحقيقي لأبي.

حرف محمد التوراة ودعاها القرآن، والذي يعتبر أساس ديانة الإسلام الكاذبة. بعدها، وضع محمد نفسه قدوة لتحتذي بها الجماعات الدينية الإسلامية وذلك عن طريق إشعال الحروب ضد غير المؤمنين به، مما تسبب في قتل ملايين عبر السنين، والذين لم يقبلوا الديانه التي أسسها بنفسه، ديانة الإسلام المزيفة.

مازال هذا الأمر القاسم المشترك لكثير من الطوائف الإسلامية اليوم. حيث يدعونه بالجهاد "الحرب المقدسة" ضد هؤلاء الذين يعارضونهم ويعارضون معتقداتهم. هم يشعرون بسعادة خاصة عندما يقتلون المسيحيين.

بنى الشيطان إمبراطورية إسلامية كبرى خلال الثلاثة عشر قرنا الماضية، وهي امبراطورية فريدة لم يتمكن أحد من تقليدها. بعد 600 عام من صلبي وقيامتي من الأموات وصعودي إلى السموات، مكملا عمل أبي على الأرض، إستخدم الشيطان وقواته الشريرة نبي كذاب ادعى النبوة يدعى محمد لكي يخترعوا ديانة الإسلام.

بدأ محمد دعوته بإعلان أن الله أبي - وهو إله إبراهيم واسحق ويعقوب - والله Allah هما نفس الإله.

يشير محمد لي بأنني شخص صالح ونبي الله Allah. لكنه يعتبر نفسه النبي الأخير، لذلك فإن رسالته نسخت وحلت محل رسالتي وكل شيء قمت به.

لقد قال أيضا أن كلام الله السابق مثل التوراة، المزامير، والأناجيل، تم نسخها وإلغائها بعد ظهور قرآنه المزيف.

اليوم، يؤمن تقريبا ربع سكان العالم بالإله المزيف الذي يدعى الله Allah، والذي تم إختلاقه بواسطة رجل ولد من زرع إنسان ومات، زعم محمد أنه نبي لإله، لكن لم يملك هو ولا إلهه الله Allah أي قدرة أو قوة.

الصحفي:

انتظر لحظة: أليسن التوراة والقرآن أساسا هما نفس الشيء؟

يسوع:

لا، ليسا نفس الشيء. تتكون التوراة من أسفار التكوين، الخروج، اللاويين، العدد، والتثنية، وهي الخمس كتب الأولى من الكتاب المقدس. كتبت التوراة بواسطة موسى النبي وسجلت للتاريخ قبل حوالي 1600 سنة من موتي على صليب الجلجثة.

بعد أكثر من 2000 عام من كتابة موسى للتوراة، أخذها محمد وأعاد كتابتها. لقد حرفها، وأساء الإقتباس منها، أضاف وحذف أجزاء من العهد الإبراهيمي مع الله وأيضا بعض من العهد القديم مع موسى وأسس ديانته الإسلامية التي صنعها بيده من الحقائق الملتوية، ودعاها الإسلام.

الصحفي:

لقد تحيرت بعض الشيء. لقد أخبرت أن محمد كان نبي لنفس الإله الذي تدعوه أباك. هل هذا صحيح؟

يسوع:
لا، لم يكن محمد نبي في ملكوت أبي، والذي بشرت به عندما أرسلني أبي إلى الأرض لأكمل مشيئته الخاصة بالجنس البشري.

الصحفي:
إذا لم يكن محمد من الله، ماذا فعل لكي يستحق هذا العدد الضخم من التابعين؟ من أين أتى محمد؟ وما هي إنجازاته؟

يسوع:
هذا سؤال ممتاز. بينما كان محمد حيا، لم يقم بعمل أي معجزة، علامة، أو عجيبة شاهدها أي أحد. والقرآن نفسه يؤكد هذا الأمر.
لقد ولد محمد من زرع أب بشري ومات. ومازال ميتا. وعظامه مازالت توجد في مقبرته، التي يتم زيارتها من قبل ملايين من الناس كل عام. لم يتغلب محمد على الموت قط. لم يستطع الله Allah أن يثيم محمد من الأموات، لأن الله Allah عبارة عن إله مزيف، ليس له سلطة أو قوة على الحياة أو الموت.
لا يستطيع محمد أو الله Allah أن يغيرا قلب إنسان أو أن ينقذا روحا من قضاء الأبدية في "بحيرة النار". فقط يمكن لأبي ولي القيام بكل ذلك.

الصحفي:
يسوع، ما علاقة محمد بعهد الله مع إبراهيم؟

يسوع:
أولا، دعني أراجع معك ما هو مكتوب في الكتاب المقدس. بعد ذلك سوف أفحص معك ماذا فعل محمد لتغيير الحقيقة.
تكلم أبي مع إبراهيم عندما كان لإسماعيل من العمر 13 عاما وأخبره "سأبارك سارة وسأعطيك ابنا منها! سأباركها بكثرة، وسوف تكون أما لأمم عديدة. ملوك أمم سوف يكونوا من أحفادها." إنحنى إبراهيم إلى الأرض، لكنه ضحك في نفسه في عدم تصديق. وفكر قائلا "كيف يمكن أن أكون أبا وقد تجاوزت سن المئة؟ وكيف يمكن لسارة أن تلد ابنا وعمرها تسعين عاما؟
طلب ابراهيم من أبي قائلا "أيمكن أن يحظى إسماعيل ببركتك الخاصة" أخبر أبي إبراهيم "لا، بل سارة زوجتك ستلد ابنا لك، وتدعي إسمه إسحق، وسوف أؤكد عهدي معه ومعه أولاده كعهد أبدي. أما بالنسبة لإسماعيل، فسوف أباركه هو أيضا، كما طلبت. سوف أجعله أمة مثمرة وأكثر

من أنساله. سوف يكون أبا لأثنى عشر أمير، وسأجعله أمة عظيمة. لكن سأقيم عهدي مع إسحق، وهو الذي سيولد لك ولسارة السنة المقبلة في مثل هذه الأيام." (تكوين 17)

ولد اسحق حسب الروح، ليس مثل الابن الأول إسماعيل، والذي ولد حسب خطة سارة التي أمرت جارتها هاجر أن تلد طفلا من ابراهيم حتى تمكنها من إنشاء عائلة. (غلاطية 4 : 28-31 و تكوين الأصحاحين 16 و 17)

عندما كان لإسحق 16 عاما، قال أبي لإبراهيم "خذ ابنك وحيدك الذي تحبه إسحق، وإذهب إلى جبل المريا، وقدمه كذبيحة محرقة لي هناك على واحد من الجبال التي سأريك." (تكوين 22)

إستيقظ إبراهيم مبكرا في الصباح التالي وسافر للمكان الذي أشار عليه به الله أبي. بنى مذبحا، وضع حطبا عليه، وربط ابنه، اسحق، وأرقده على المذبح. قدم إبراهيم اسحق لله كذبيحة. بعدها أخذ ابراهيم سكينته لكي يذبح ابنه. (تكوين الأصحاح 22)

تحدث ملاك الرب إلى إبراهيم قائلا "لا تمد يدك إلى الصبر، لأنني الآن عرفت أنك تخاف الله، لأنك لم تمسك ابنك وحيدك عني. بعدها رفع إبراهيم عيناه، ووجد خلفه كبش مربوط بقرنيه. فقدم إبراهيم الكبش كتقدمة محرقة بدلا من ابنه.

بعدها، تكلم أبي إلى إبراهيم مرة ثانية قائلا "لقد أقسمت بنفسي، لأنك فعلت هذا ولم تمسك إبنك، وحيدك عني، فهأنا أباركك وأكثر نسلك كمثل نجوم السماء وكرمل البحر. وسيأخذ أحفادك ممتلكات مدن أعدائهم، ومن خلال نسلك تتبارك جميع قبائل الأرض، لأنك أطعتني." (تكوين 22: 16-18)

لأن إبراهيم أطاع طلب أبي في تقديم إسحق، أكد أبي تحقيق العهد الذي أقامه مع إبراهيم ووعده أن يقيمه مع إسحق.

كان إسحق هو ابن الموعد الوحيد لأبيه إبراهيم، لأن إسحق كان الإبن الوحيد الذي وعد أبي به ساره وإبراهيم. لقد كان من زرعهم، فإسحق هو الذي كرمه الله بإقامة العهد معه، ليس إسماعيل.

الصحفي:

يسوع، ما علاقة هذا العهد، إبراهيم، واسحق بمحمد وإسماعيل؟

يسوع:

واحدة من التغييرات الضخمة التي قام بها محمد وكتبها في القرآن كانت أنه إستبدل إسحق بإسماعيل كإبن عهد إبراهيم مع أبي. لقد ألغى محمد الحق والوعود الحقيقية التي أبرمها أبي مع إبراهيم. وعلل ذلك بالإدعاء بأن إسماعيل لديه حقوق البكر (ليس إسحق، كما يقول الكتاب المقدس) وأن إسماعيل ونسله هم الأولاد الذين تباركوا بعهد الله أبي (ليس إسحق ويعقوب كما يخبرنا الكتاب المقدس).

بعدها تقدم محمد بالأمر خطوة أخرى بإدعائه أن إسماعيل هو الإبن الذي أخذه إبراهيم ليقدمه كذبيحة على جبل المريا، ليس إسحق.
عندما سأل إبراهيم أبي "أيمكن أن يعيش إسماعيل تحت بركتك الخاصة؟" أخبر أبي إبراهيم "لا، فسارة زوجتك، ستلد ابنا لك. ستدعوه إسحق، وسأقيم عهدي معه ومع نسله عهدا أبديا."
تمثل قصة إبراهيم واسحق ظلا رمزيا لما كان سيحدث فيما بعد. لقد أظهرت التشابه بين الكبش الذي قدم كبديل لإسحق على المذبح معي أنا عندما قدمت على عود الصليب كبديل عن البشرية.
لأن إبراهيم أطاع بإرادته الخاصة وسلم إبنه إسحق، أسلمني أبي بإرادته الخاصة، لكي أتمم الوعد الذي قام به مع إبراهيم "من خلال نسل إبراهيم سوف تتبارك جميع قبائل الأرض." (تكوين 12: 3 و 18 : 18 و 22 : 18)

الصحفي:
إذن، فالعهد كان لأحفاد إبراهيم من خلال إسحق، صحيح؟
عندما تتحدث عن الوعد الذي أعطاه الله لإبراهيم، هل الوعد شيء منفصل ومختلف عن العهد؟

يسوع:
نعم، فإسحق هو ابن العهد الموعود به من قبل أبي لساره وإبراهيم. سجل موسى هذا في التوراة قبل حتى ولادة محمد بحوالي 2100 عام.
لكن قام محمد بإعادة كتابة وتغيير التوراة التي كان لها من العمر حينذاك 2100 عام وأعاد تسميتها بالقرآن. أعاد محمد كتابة القرآن المزيف ليصبح "إسماعيل وأحفاده" هم المستفيدين من عهد أبي مع إبراهيم. أبدل محمد الحق بالكذب، وآمن الملايين به وبتسجيله المزيف في القرآن.
لم يغير ما قام به محمد ما قاله أبي منذ 2600 عام قبله، فذلك كان وسيكون هو الحقيقة.
أنه من الضروري أن تعرف وتفعم بركة الوعد الذي أعطاه أبي لإبراهيم، وهو أن جميع الشعوب والأمم ستتبارك من خلال إبراهيم.

الصحفي:
يسوع، ما هي بركة وعد الآب لإبراهيم؟
يسوع:
كان آدم وحواء يحظيان بروح الله القدوس مستقرا داخل جسديهما إلى أن إقترفا الخطية. فعندما أخطأ، نزع أبي روحه القدوس منهما، لأن الخطية والله لا يمكن أن يتواجدا معا.
لقد فديتكم حتى يأخذ الأمم أيضا البركة المعطاة لأبراهيم من خلالي، حتى يمكنكم بالإيمان أن تستقبلوا عطية الروح. (غلاطية 3 : 14)

إن البركة التي وعد الله إبراهيم بها هي إعادة إتحاد الروح القدس مع البشرية مرة أخرى. إن آمنتم بي وجعلتموني ربا لحياتكم، ستصبحون لحظتها أبناء ووارثي إبراهيم حسب الموعد. (غلاطية 3 : 26-29).

إجابة سؤالك "ما هي بركة الوعد؟" البركة هي في هذا: بالإيمان، يمكنكم إستقبال وعد الروح، وذلك بالإيمان بي.

الصحفي:

هل كان الوعد لإبراهيم سريا؟

يسوع:

أود أن أصف الوعد كسر عمره 2000 عام حيث تم الحفاظ عليه مخفيا لعصور وأجيال، لكن إختار أبي أن يجعل غنى مجد هذا السر معروفا بين الأمم، والذي هو المسيح فيكم، رجاء المجد. (كولوسي 1 : 26-27).

الصحفي:

يسوع، إن الكلمة العربية المقابلة لكلمة الله God هي الله Allah. أليس من المحتمل أن يكون المسلمين المتحدثين بالعربية مؤمنين ويصلون لنفس الإله الذي تقول أنه أباك؟

يسوع:

إن كان الناس المتحدثون باللغة العربية يؤمنون أن إسم أبي في لغتهم ينطق "الله" فأنا أرحب بتعرفهم على الله أبي كإله إبراهيم، إسحق، ويعقوب، وأحفاد إسحق الذين ينطوون تحت العهد الإبراهيمي والعهد الموسوي المعطى لموسى من قبل أبي.

مع ذلك، إذا كان الناس المتحدثون بالعربية يتعرفون على الله كإله منفصل ومختلف عن أبي، والذي هو الإله الواحد الحقيقي، إذن فالله Allah عبارة عن مجرد إله خيالي، لا قوة ولا سلطة له على هزيمة الموت، عمل المعجزات أو إنقاذهم عن طريق تقديم طريقا لهم للسموات. وأؤكد لك أن محمد لم يكن لديه أية معرفة أو حكمة في كيفية دخول ملكوت السموات.

فضلا تفهم أن ذلك الإله الخيالي الذي خلقه محمد ودعاه بالله Allah وأبي ليسا هما نفس الإله. لقد أتيت للأرض لكي أتمم مشيئة أبي نيابة عنه لأنه هو الإله الواحد الحقيقي المتعالي. لا يوجد إله آخر.

لم يكن محمد نبيا لأبي ولملكوت السموات. كان محمد نبي كذاب، كان يتعامل كممثل للشيطان، حيث خلط تعاليمه الشخصية بتصميم أبي ومبادئ الخليقة وعهود ووعود العهد القديم والأكاذيب الملتوية التي إخترعها عن إبراهيم.
لقد حان الوقت لتلاميذي أن يفضحوا ديانة الإسلام ويكشفوا حقيقتها. سيكون مجد أبي وقوته معهم.
تحتاج الشعوب في هذه المناطق أن تعرف الحق عن عهد الله أبي مع إبراهيم حول الوعد الذي أعطاه أبي لإبراهيم. يحتاجون أن يعرفوا أننا نحبهم ونريد أن يبدأوا علاقة معنا. إن فعلوا هذا، سنأتي ونعيش بداخلهم. رجاء أخبرهم أننا نحبهم.

الصحفي:
يسوع، كتلخيص عن تعليقاتك عن محمد وعما كتبه وفعله، هل تقول أن محمد حاول بالفعل أن يستبدلك بنفسه، جاعلا نفسه رسول الله الأخير؟
وأنه إستبدل الله الآب بالله Allah، وذلك عن طريق القول بإنهما واحدا وهما نفس الإله؟ هل قمت بالتوصيف الصحيح لشروحاتك السابقة؟

يسوع:
هل يمكنني أن أعدل قليلا على إستفساراتك وإستنتاجاتك؟

الصحفي:
نعم، أرجوك لك مطلق الحرية في هذا.

يسوع:
يريد الشيطان وقواته الشريرة أن تقارنوني، الابن الوحيد لله الإله الواحد العالي، برجل بشري آخر ولد من زرع بشر وهو في الحقيقة عدو لأبي ولي ولكل شيء نمثله.
كيف يمكنك مقارنة قيامتي بالعظام المتبقية في مقبرة محمد و/ أو بوذا؟ وما المعجزات التي قام بها الله Allah؟
موتي، دفني في مقبرة الموت، محروسا بأفضل جنود العالم، وقيامتي من الموت للحياة حيث لن أموت ثانية تم رؤيتها بواسطة ما لا يقل عن 513 شخص وتم تسجيلها بواسطة شهود العيان هؤلاء.
لقد صعدت إلى السموات حيا، ولن أموت فيما بعد. هذا هو سبب أنني مخلص العالم كله. من يؤمن بي وبكل هذا سوف يقضي الأبدية في السماء.

ومن لا يؤمن بي سوف يقضي الأبدية في بحيرة النار مع أبيه، الشيطان.

إن تسجيل موتي، دفني، وقيامتي بدأ فورا بعد أن صعدت إلى السماء حيا وإستمر لمدة 60 عاما بواسطة شهود العيان.

توقف للحظة واحدة، وفكر معي: تخيل أنك قاض جالس في قاعة المحكمة، مستمعا بأذنيك إلى 513 شاهد عيان يدلون بشهادتهم أنهم رأوني حيا، أكل، أتحدث، أتمشى، وكلهم يؤكدون أن هذا حدث خلال فترة زمنية لا تتعدى 45 يوما من موتي، دفني، وقيامتي.

دعنا نقول أن كل واحد من شهود العيان يشهد لمدة 10 دقائق في مكان الشاهد في القاعة تحت القسم. مجموع هذا الوقت سيكون 85 ساعة ونصف من الشهادات من أكثر من 500 إنسان رأوني حيا بعد أن دفنت في مقبرة.

إن كنت قاضيا وإستمعت إلى 513 شاهد عيان يشهدون لأكثر من 85 ساعة أنهم رأوني أنا يسوع الناصري حيا وسليما ومعافى، هل ستصدقهم، أم أنك ستختار أن تتجاهل شهاداتهم وتصدق كتابات محمد عن كيف تذهب إلى السماء؟ إن كتاباته كاذبة. إن روح محمد ليست هنا معي في الفردوس.

لا يهم ما هي جنسيتك، عرقك البشري، أو ثقافتك، فأنا مخلصك. أنا أحبك، وسأسامحك على ما فعلت مهما كان، إن تواضعت وتبت من قلبك عن خطاياك، سأكون لك الطريق والحق والحياة، لا أحد يأتي إلى الآب إلا بي.

أنتم سجناء حرب في مملكة الشيطان الظلامية، وأنا هو الشخص الوحيد الذي يمكنه تحريركم، إسمي يسوع، وأنا مخلص العالم. لا يوجد خلاص في أحد آخر، لأنه ليس إسم آخر تحت السموات أعطي للناس به ينبغي أن نخلص.

78

أنا؟ إني تقولون من

الفصل الحادي عشر
بدء حياة جديدة، الإختيار لك

الصحفي:

يسوع، لقد إعتدت على زيارة الكنائس حيث توجد الطقوس، والصلوات المحفوظة، والبرامج الروتينية، لكن ما توصفه يعد متمردا قليلا تجاه الأديان المعروفة التي أنا معتاد على رؤيتها والسماع عنها.
هل يعتبر ما وصفته ديانة جديدة أو طريق للحياة؟

يسوع:

نعم، فهي طريقة منعشة جديدة لكم يمكنكم إختيارها لكي تحيوا، مع ذلك، فهي ليست جديدة. لقد خلقنا أبي وأنا هذه الحياة لآدم وحواء. إنها ما انتوينا توفيره لكل البشرية. كانت هذه هي حياة آدم، لكنه فقدها. بإختصار فأن تصبح واحدا من تلاميذي وأن تتبع تعاليمي ليس دينا جديدا.

الصحفي:

إذن، فمنذ سقوط الجنس البشري ونزع الروح القدس من أجسادنا، فعلت أنت والآب ما وصفته لنا اليوم، من أجلنا. لماذا؟
لماذا قام الله بكل ما قلت أنه فعله لأجلنا؟

يسوع:

لأننا نحبكم! فالبشر هم أعظم مخلوقاتنا. أنتم قرة عين أبي وسبب الخليقة.

79

يحب أبي الجنس البشري جدا لدرجة أنه أرسلني، أنا إبنه الوحيد، لكي لا يلقى كل من يؤمن بي في بحيرة النار مع الشيطان، لكن ينال الحياة الأبدية معي ومع أبي. لقد مت من أجلكم، حتى يمكنكم إستبدال أسلوب حياتكم القديم بحياة جديدة مليئة بإحساناتي.

الصحفي:
ماذا نحتاج لكي نستبدل أسلوب حياتنا القديم التي نعيشها اليوم بالحياة الجديدة التي أخبرتنا عنها؟

يسوع:
يجب أن تؤمنوا أن ما أخبرتكم عن أبي هو حقيقي، وأن تبدأ علاقة حب وطاعة لنا، وذلك عن طريق عمل مشيئته.
فإيمانكم هنا على الأرض سيحدد مصيركم في الأبدية.
الإيمان فعل، والفعل يتطلب سلوك وتقدم. إن آمنت بي في قلبك أني أنا هو، عندها ستحب وتطيع ما أمرك أن تفعله. "إن حفظتم وصاياي، ستثبتون في محبتي، كما حفظت أنا وصايا أبي وثبت في محبته." (يوحنا 15 : 10)
ينتج الإيمان أفعال وسلوكيات. وسوف يحدد سلوكك على الأرض مكافئاتك في السماء أو دينونتك في جهنم.
يتضمن الإيمان بي محبة وطاعة وصاياي. لا يفصل الكتاب المقدس بيني وبين تعاليمي، "الذي له وصاياي ويحفظها هو من يحبني. والذي يحبني يحبه أبي، وأنا أيضا أحبه وأظهر له ذاتي." (يوحنا 14 : 21)
"الذي يحبني ويطيع وصاياي. يحبه أبي، ونأتي إليه ونبيت معه.
والذي لا يحبني لن يطيع وصاياي. ليس من نفسي أقول لكم هذه الكلمات، لأنها من أبي الذي أرسلني." (يوحنا 14 : 24)
إن لم تؤمنوا بي أو لم تطيعوا وصاياي، سوف تقضون الأبدية في "بحيرة النار" مع الشيطان وملائكته. ستموتون في خطاياكم إلا إذا آمنتم أنني ما أقول لكم أني هو.
هل تريد السلام الحقيقي، الفرحة الحقيقية، وهدفك الحقيقي في الحياة؟ هل تريد الحرية من عبودية وإدمانات الخطية، الكحول، إدمان المخدرات، المواد الإباحية، أو الغضب والطبيعة الغضوبة؟ مهما كان ما يقيدك الشيطان به ليستعبدك به، فسأحررك منه، سأحررك من أسر وعبودية الخطية.

الصحفي:

يسوع، هل تعني حقا أنه مهما فعل الإنسان، فإن الله سيغفره له؟ ماذا عن شخص يبيع المخدرات، أو قاتل، أو فتاة ليل، أو ماذا عن شخص قد أنقذ من قبل لكنه لا يطيع وصاياك ومازال يعيش حياة الخطية؟

يسوع:

لا، لا يهم ما فعله: فإذا أراد أي أحد أن يتقابل معي الآن، رجاء دعني أقدم نفسي له. أدعى يسوع، ابن الإنسان وابن الإله الواحد الحقيقي المتعالي. أنا ابن الله الوحيد. أحبك، ولا يهمني ما فعلت. سأغفر لك. سأغفر كل خطاياك، عارك، ذنبك، أسفك، كل شيء وأي شيء. لن يتبقى شيء ضدك ليدينك.

إن السبب الذي مت لأجله هو أن أرضي غضب أبي ضد الخطية وأن أتغلب على تحكم الشيطان الروحي، والذي يبقيك في حالة الخطية. عندما أحررك، ستتحرر بالحقيقية.

قد تكون قد أنقذت فعلا، وأنت الآن غير متأكد. أو أنك ابتعدت بعيدا عن الله أبي، أو أنك لم تبدأ علاقة قط مع أبي ومعي.

كل ما تحتاجه هو أن تتضع، وأن تدير ظهرك لأسلوب حياتك القديم الخاطيء والأناني، وأن تطلب من قلبك مني أن أغسلك وأطهرك من ماضيك الأثيم. وطالما تطلب هذا من قلبك، سأغفر لك فورا كل خطاياك، كل عارك، كل ذنبك، وكل أسفك.

إن إعترفت بفمك أنني، يسوع، ربا، وآمنبت بقلبك أن الله أقامني من الأموات ستخلص. لأنه من قلبك تؤمن فتتبرر، ومن فمك تعترف وتخلص.

كما أتى في الأسفار المقدسة، من يؤمن بي لن يكون بعد في عار، لأنه لا فرق بين اليهودي والأممي. أنا هو الرب، وأبي هو إله الكل، وهو يبارك يغنى كل من يدعوني. "كل من يدعو بإسم الرب يخلص." (رومية 10 : 9-13)

بمجرد أن تفعل هذا، تنزع الخطية والطبيعة الخاطئة كليا وفورا منك. بعدها، يأتي فورا روح أبي القدس ويعيش في جسدك، بالضبط كما كان الأمر في جنة عدن، مع آدم وحواء.

عندما تصلي الصلاة أعلاه وتعنيها من كل قلبك، سيأتي روحي ويحل بداخلك. سوف تبدأ حياة جديدة كل الجدة، حر من كل الأثقال، وسأكون ثابتا فيك.

لقد هزمت الموت من أجلك. لقد نزعت سلطة الشيطان الروحية من عليك، معطيا لك الحق في أن تكون ابنا لله. إنه متاح لكل الذين إختاروا أن يؤمنوا بي ويقبلوني كرب لحياتهم.

لا يوجد أحد غيري تغلب على الموت. لا يوجد إنسان أو إله آخر أعد طريقا وحقا لك ليطهر نفسك من الطبيعة الساقطة ليوجهك لبدء علاقة مع أبي ومعي.

لا حاجة لإنسان آخر، لا حاجة للكهنة، لا حاجة للطقوس، لا حاجة للصلوات المحفوظة أو المطبوعة مذيلة بإسم قديس. كل ما تستطيع وتحتاج القيام به هو أن تبدأ حياتك من جديد ومعنى أن تبدأ هذه الحياة معي ومع أبي هو أن تؤمن من قلبك بما قد شاركتك به للتو.
فقط أحبنا من قلبك، وتأكد من ذلك، وأنزع عنك حياتك القديمة مستبدلا إياها بالحياة الجديدة، جاعلا مني ربا لحياتك، حتى تتمم مشيئة ووعود أبي فيك، لك ومن خلالك.
لا يوجد أي شيء آخر يمكنك فعله أو تحتاج أن تفعله لتنال الخلاص.
أنا لست دينا جديدا. أنا هو مخلص العالم. وسوف أخلصك مهما فعلك. لا يمكن أن يأتي أحد إلى الآب إلا بي. وسأتي قريبا ومعي خلاصي لهؤلاء الذين آمنوا بي. وأجرتي (مكافئاتي) معي.

الصحفي:
يسوع، أود أن أشكرك على وقتك ومشاركتك معنا. هل يمكنني أن أسألك أيضا بعض الأسئلة القليلة حول الحياة بعد الموت؟

يسوع:
نعم، أنا متاح لك دوما ولكل واحد يبحث عني وعن أبي.

الفصل الثاني عشر:
ماذا بعد الموت؟

الصحفي:
ماذا إذا كان اليوم هو يومي الأخير على الأرض؟ والحياة كما أعرفها قد إنتهت. لقد تنفست نفسي الأخير، وفي غمضة عين، ذهبت إلى الأبدية. ماذا بعد؟
ما الذي سوف يحدث لي عندما أموت؟

يسوع:
يا له من سؤال متميز؟ أقول هذا لأنه في عالم اليوم يتصرف معظم البشر ويؤمنوا كما لو كان أهم شيء على الأرض هي الحياة، وبعدما يأتي الموت تتوقف الحياة، وتكون النهاية، ولا يوجد شيء آخر بعد.
يؤمن القليل بالحياة بعد الموت في العالم الروحي. معظمكم لستم مستعدين للحياة بعد الموت، حتى أن كثير منكم لا يهتم بالأمر.
يعتبر الموت الجسداني أجرة خطاياك على الأرض، فكل خطية مرتبطة وتؤدي إلى الموت الجسدي. حيث دخلت الخطية إلى العالم من خلال انسان واحد، والموت من خلال الخطية، وعلى هذا المنوال يأتي الموت إلى كل الناس، لأن الجميع زاغ وأفسد.
عندما يحدث فيكم الموت، تغادر النفس الجسد إلى موقع آخر في الأبدية.
تصبح روح الإنسان حرة لتعود إلى أبي، من حيث أتت.
يصبح بعدها الجسم مجرد جثة، هيكل عظمي فارغ. فقد تم الإستفادة من الجسد البشري، وهو دوره الأن ليعود كما كان تراب من الأرض.
لا يؤثر الموت الجسدي على نفس الإنسان. فالنفس، وهي أنت الحقيقي، تعيش للأبد في مكان ما.

داني كليفورد

عندما تروا الجسد الميت راقدا في التابوت، يصدق معظمكم كذبة الشيطان التي تقول أن هذه هي النهاية وأن الحياة قد إنتهت لهذا الشخص. لهذا السبب معظم الناس تخاف الموت. أنتم تحاولون ان تهربوا من الموت، لأنكم تظنون أنه النهاية، حيث تنتهي الحياة ويصبح كل شيء كالعدم.
يريدكم الشيطان أن تعيشوا حياتكم على الأرض في خوف من الموت، لكني قد هزمت الموت، يعرض أبي عليكم هبة الحياة الروحية إن آمنتم بي كمخلص. مع ذلك، إن لم تؤمنوا بي بينما كنتم على الأرض، فللأسف لا توجد فرصة أخرى.
الحقيقة أن الموت الجسدي ليس هو النهاية. إن طول مدة حياتك على الأرض يشبه دخان نار. عندما تشعله - هوف! - تتبخر حياتك وتذهب لمصيرك الأبدي!

الصحفي:
يسوع، هلا تخبرنا ماذا يمكننا أن نتوقع ماذا تشبه الحياة الأبدية؟

يسوع:
أول شيء سيحدث عندما تموت هو مغادرة روحك لجسدك، وسوف تواجه أدراك أن الله الآب وأنا موجودين وأن كل شيء أخبرتك به هو الحقيقة.
ستغادر نفسك إلى الأبدية إلى الفردوس لتكون معي.
إن لم تكن قد آمنت بي ولم تقبلني كمخلصك، ستذهب نفسك إلى الجحيم وتنتظر هناك الدينونة. ستفهم فجأة أن فرصة إختيار مصيرك الأبدي قد ذهبت. لا يوجد أي شيء قد يبدل من مصيرك.
سوف تكتشف أن السماء حقيقة وأن الإيمان بي، أنا يسوع، كان الطريق الوحيد لدخولها.
أو سوف تتأكد أن جهنم حقيقة. وأن إيمانك بالعقائد الكاذبة قد حطت بك في مكان مليء بالشياطين من كل الأشكال والأحجام وبأظلم ظلمة سوف تشهدها على الإطلاق. والآن قد حان الوقت لطلب المغفرة.
ماذا سوف تشعر عندما تدرك أن محمد أو بوذا أو الألهة الهندية أو كل الالهة الكاذبة التي إخترعها الناس موجودة معك في الجحيم؟ وبعض منهم ما هم إلا شياطين عملاقة.

الصحفي:
يسوع، لدي سؤالين في سؤال واحد.
الأول: لقد ذكرت الدينونة لهؤلاء الذين ذهبوا إلى الجحيم ليس لهؤلاء الذين ذهبوا ليكونوا معك في الفردوس. أليس الكل من مسيحيين وغير مؤمنين سوف يدانون؟
سؤالي الثاني هو:
هل سيديننا الله جميعا؟

يسوع:

سأجيب عن سؤالك الثاني أولا. "أعطاني الآب السلطة أن أدين كل إنسان لأني إبن الإنسان." (يوحنا 5 : 27-29),

"وهب للناس أن يموتوا مرة وبعد ذلك الدينونة." (عبرانيين 9 : 27)

والآن سأجيب عن سؤالك الأول: هل سيدان كلا من المسيحيين وغير المؤمنين؟

دعني أجيبك بشبه "نعم". لأنه سيكون هناك دينونتان مختلفتان ومنفصلتان في وقتين مختلفين.

في الحقيقية، فإن الدينونة الأولى تكريم بالمكافئات. حيث سأحاكم كل الأفعال والأعمال التي قام بها القديسين والمؤمنين بي والذين فعلوا مشيئة أبي. هؤلاء هم الذين يشير إليهم الكتاب المقدس بالأحياء والصالحين (2 تيموثاوس 4 : 1) واقرأ أيضا يوحنا 5 : 22 - 30

إن وقت حدوث محاكمة أفعال وأعمال تلاميذي وحفل المكافئات سيكون بعد ظهوري وإختطافي للقديسيين والمؤمنين الصالحين مباشرة، هؤلاء الذين ماتوا ودفنوا في المقابر وأيضا هؤلاء الأحياء على الأرض، وبعد إجتماعهم إلي في السموات. بعدها، سأحاكم الأفعال والأعمال الخيرة للقديسين وسأكافئ هؤلاء الذين نجحت أعمالهم في تخطي الإختبار.

لا حاجة لإدانة القديسين والمؤمنين الذين فعلوا مشيئة أبي. لقد إعترفوا فعلا وتطهروا من جميع خطاياهم بينما كانوا أحياء على الارض. (يعترفون بخطاياهم يوميا لأبي.)

سوف تحدث الدينونة الثانية في وقت ومكان مختلفين. في هذه الدينون، سأدين كل إنسان لم يؤمن بي. حيث تم الإشارة إليهم بغير المؤمنين أو غير الصالحين - الموتى.

سأدين عابدي الشيطان، وتابعي محمد، وهؤلاء الذين آمنوا بالآلهة الهندية، وتابعي بوذا، والآخرين أمثالهم.

سوف أدين كل هؤلاء الذين ادعوا أنهم تلاميذي لكنهم أطاعوا فقط بعض من وصاياي ولم ينظروا بعين الإعتبار لتعاليمي التي لم يحبونها. هذا يتضمن المؤمنين الفاترين. متى، أين وكيف سأدينهم، هذا كله قد يفاجيء الكثير منكم.

هناك دينونتان منفصلتان.

واحدة للأحياء.

والأخرى للموتى.

داني كليفورد

الفصل الثالث عشر
جوائز المؤمنين

الصحفي:

قلت أنه سوف يقام الناس من الأموات. ما نوع الجسد الذي سنقوم به؟ هل سيكون جسدا فيزيائيا أم روحانيا؟

يسوع:

عندما أتي لأختطف كنيستي، سوف يقام أولا المؤمنون الذين ماتوا بالفعل، وبعدها سوف أجذب المؤمنين الأحياء الذين بقيوا على الأرض ليقابلونا في الهواء. إن الجسد الذي سيقام به من يتقابل معي سيكون جسدا خالدا.

إن أجسادكم المتكونة من اللحم والدم التي تصاب بالشيخوخة والتعفن لا يمكن أن تدخل ملكوت أبي الأبدي. لا يهم سواء كانت أجساد تلاميذي في المقبرة أو أجساد حية عندما أتي لأخذ كنيستي، حيث سيتحول جسدكم الفاني إلى جسد خالد في غمضة عين. (1 كورنثوس 15 : 51- 53)

الصحفي:

في دينونة المؤمنين، ما هي الأشياء الذي ستقوم بمحاكمتها؟

يسوع:

بعدما أختطف كل المؤمنين الصالحين، يجب أن يظهر كل المؤمنين أمام كرسي المسيح حتى يتمكن كل واحد منهم من أن يستقبل جزاء أفعاله التي قام بها في الجسد، سواء خيرا كانت أم شرا. (2 كورنثوس 5 : 10)

سيتم إمتحان أعمالكم. سيمتحن كل ما فعلت في حياتك كمؤمن. قد تتحمل أعمالك الإمتحان مثل الذهب، الفضة أو الأحجار الكريمة عند تمريرها في النار. أو قد تحترق مثل القش. لن يتبقى حتى أثر منه، مهما بدت أنشطتك حساسة، وفرحة، أو متدينة بينما كنت حيا على الأرض.
سوف أجازيك عن كل أفعالك الجيدة وأعمالك الجيدة والتي قمت بها في الجسد.

الصحفي:
ما هي المعايير التي ستستخدمها لمحاسبة أعمال وأفعال القديسين؟

يسوع:
عندما تقفون أمامي في حفل توزيع الجوائز، سأستخدم 3 معاير لأحدد إن كانت أعمالكم ستتحمل إمتحاني:

1- علاقتكم هي المعيار الأول:
المعيار الأول لتحديد مكافئاتك في السماء هي علاقتك معي ومع الآب. "الذي عنده وصاياي ويطيعها، هو من يحبني، ومن يحبني سوف يحبه أبي، وأنا أحبه وأظهر له ذاتي."
"من يحبني يطيع وصاياي. وأبي يحبه، ونأتي عنده ونبيت معه." (يوحنا 14 : 21 و 23)
يجب أن تكون العلاقة بينك وبين الله الآب مثل علاقة أب بابنه. السؤال الذي سأسأله لك هو: هل بدأت علاقة خب وطاعة معي ومع أبي؟
يجب أن يكون أبي هو الأول في حياتك. إن أردت أن تقلل من وقت قراءة الكتاب المقدس والصلاة مع الله وحاولت أن توازن هذا مع إهتمامات أخرى كالعمل، المال، أو العائلة، فحينئذ ستكون بمثابة مستغلا لأبي. ستكون محاولا أن تأخذ منه العطايا والمصالح، وأبي لا يتعامل بلغة المصالح.
يريد أبي علاقة يكون فيها الأول في حياتك. أطلبوا أولا ملكوت الله وبره، وهذه كلها تزاد لكم.

2 - الدافع وراء القيام بالأعمال الصالحة هو المعيار الثاني الذي سأستخدمه:
ماذا كان في قلبك عندما قمت بالعمل الصالح؟ ماذا كان هدفك عندما قمت بالفعل الخير؟ لقد أخبرتكم، "إحترس لئلا تصنع صدقتك أمام الناس لكي يروها، لأنك لو فعلت هذا، لن يكون لك مكافأة من أبي في السموات." (متى 6 :1)
إن دوافع القلب هي مفتاح أسباب قيامك بالأعمال الصالحة، يجب أن يكون دافعك هو خدمة أبي وإعطاء المجد له. حتى الأعمال الروتينية العادية مثل الأكل والشرب يمكنك تمجيد الله من

خلالها. لن تكون لأعظم أفعالك الدينية قيمة إن كان دافعك هو بناءك وبناء سمعة جيدة لك. يجب أن يكون دافعك هو تمجيد أبي.

3- المعيار الثالث هو الحب:

لماذا تقوم بالأعمال الصالحة؟ إن الأعمال الصالحة التي ترضي أبي هي التي تركز وبإخلاص على محاولة تحسين حالة شخص آخر. هل تم عملها بالحب؟ إن قمت بالكثير من الأعمال الصالحة والخيرات لكن كان عملك هذا خاليا من الحب، فلن تستفيد شيئا.

في واحدة من تعاليمي أخبرت تلاميذي "أحبوا أعدائكم، باركوا لاعنيكم، إحسنوا إلى مبغضيكم، وإقرضوهم بدون إنتظار الرد. عندئذ ستكون مكافأتكم كبيرة، وستكونون أبناء أبيكم، لأنه صالح مع الأبرار والأشرار." (لوقا 6 : 35)

بدون الحب، لن تفيد الأعمال الصالحة من يقومون بها. يجب أن يكون لديك دافع إلهي في قلبك، ويجب أن تقوم بأعمالك بالحب.

الآن، وقد عرفت المعايير التي سوف أختبر أعمالك بواسطتها. عندما نتقابل في حفل توزيع الجزائز، سوف أجري إمتحانا واحدا:

هذا الإمتحان الذي سأجريه لأختبر الأعمال الصالحة والخيرة سوف يحدد مكافئتك.

الصحفي:

ماذا تقصد بكلمة "إمتحان"؟ لقد ظننت أن الثلاث معايير هي الإمتحان. ما هو الإمتحان الآخر؟

يسوع:

لقد أوضحت لك الثلاث معايير التي سيتم بواسطتها إمتحان أعمالك الصالحة. لكن الإمتحان الحقيقي سيتم تنفيذه بواسطة النار.

سوف تختبر النار جودة عمل كل مؤمن. إن عاش ما بنيته، سوف تنال جائزتك. إن إحترق، سوف تعاني الخسارة، أنت نفسك سوف تخلص، لكن كما لو كنت تهرب من النيران. (1 كورنثوس 3 : 11-15)

سوف يتم إمتحان أعمالك بالنار. سأكافئك على كل ما سيتحمل النار، وسأمنحك فرصة أن تتملك معي.

إستعد، فأنا آت سريعا! وأجرتي معي، وسأعطي كل واحد حسب أعماله. (الرؤيا 22 : 12)

الصحفي:

كيف يمكن أن أخسر في السماء؟**يسوع:**

لا يؤمن الكثير من المؤمنين بي ولا يفهموا أنهم قد يعانوا خسارة موقعهم المسيحي ككل لأنهم ليسوا لديهم الدوافع الطاهرة في قلوبهم. فأنت ربما لم يكن حبك كاملا أو أنك فعلت الخير فقط لجذب الإنتباه. إن كان دافعك غير سليم، فساعتها ستعاني الخسارة. "إن إحترق، سيعاني الخسارة، هو نفسه سيخلص، لكن كما لو كان يهرب من النيران." (1 كورنثوس 3 : 15) سوف تهرب إلى السماء بقليل من أو بدون أي جوائز. يجب أن تكون حريصا ومخلصا حتى لا تخسر ما فعلته بل لتكافىء بالكلية.

أريد أن أشاركك قصة أخبرتها لتلاميذي منذ 2000 عام مضت. إنها تعكس توقعات أبي من أولاده. هل يمكنني المشاركة بها؟ سأستغرق فقط القليل من الوقت.

الصحفي:
نعم، لدي فضول لسماعها.

يسوع:

لقد حدث هذا بينما كنت مغادرا أريحا في طريقي إلى أورشليم في الأيام القليلة الأخيرة قبل أن أصلي. لقد علمت جمعا ضخما كان مسافرا معي عن مثل العشرة أمناء. في أيامي، كانت المنة تساوي أجرة حوالي ثلاثة أشهر للعامل المتوسط. إذن فعشرة أمناء تساوي أجور حوالي عامين ونصف كمتوسط.

كان هناك رجلا نبيلا أراد أن يسافر لبلدة بعيدة حيث أراد الناس أن يجعلوه ملكا، ويتسلط، وبعد أن يتوج ملكا سيعود.

فدعى الرجل النبيل عشرة خدام مختلفين وأعطى كل واحد أجرة عامين ونصف، قائلا لهم "تاجروا بهذه الأموال حتى أعود." وبعدها سافر.

ذهب إلى البلد البعيد، لشعبه، لكنهم لم يريدوه. لم يقابلوه بالترحاب، كرهوه، وكونوا لجنة وتآمروا ضدوا. لقد قالوا أنهم لا يريدون أن يتملك هذا الرجل عليهم. لكن الرجل النبيل توج ملكا، وبعدها عاد للوطن. عندما وصل، أرسل ليستدعي العشرة خدام الذين أعطالهم أجور العامين ونصف ليكتشف ماذا ربحوا بها.

قال الخادم الأول "سيدي، لقد ربحت أجرة العامين ونصف أجرة عامين ونصف أخرى." رد السيد "نعما أيها العبد الصالح والأمين، لأنك كنت أمينا في القليل، تملك على عشر مدن."

قال الخادم الثاني "سيدي، لقد ربحت أجرة العامين ونصف أجرة عام وربع أخرى." رد السيد "أحسنت، فلتتملك على خمس مدن."

أنا؟ إني تقولون من

بعدها أتى خادم آخر وقال "سيدي، هاك أجرة العامين ونصف التي أعطيتني. لقد إحتفظت بهم بعيدا في منديل. كنت خائفا منك، لأنك رجل قاسي. تأخذ من حيث لا تضع وتحصد مما لم تزرع."

تعلل الخادم بالخوف من السيد، لكنه لم يكن خائفا فعلا من السيد، إن كان خائفا، لكان قد وضع المال في البنك حتى يحتسب الفائدة على الأقل.

لكن بدلا من ذلك، فقد أهمل كلية وفشل في الإستجابة لأوامر السيد القائلة "تاجروا بها، حتى أعود." لقد إحتفظ بها في قطعة قماش.

رد السيد على الخادم قائلا "من فمك أدينك، أيها العبد الشرير! لقد عرفت أنني إنسان قاس، أخذ ما لم أضع، وأحصد ما لم أزرع؟ لماذا إذن لم تضع المال عند الصرافة، حتى عندما أعود يمكنني أن أجني الفائدة أيضا؟" حينئذ قال للواقفين أمامه "خذوا منه منته بعيدا وأعطوها لمن له العشر منات" قالوا له "يا سيد، لديه بالفعل عشرة!" رد قائلا "أقول لكم أن من له سيزداد، أما من ليس له، فالذي عنده سيؤخذ منه.

لكن أعدائي الذين لم يريدوني ملكا عليهم، أحضروهم هنا وأقتلوهم أمامي." (لوقا 19 : 22 - 26)

داني كليفورد

الفصل الرابع عشر
دينونة غير المؤمنين

الصحفي:
يسوع، لقد قلت أن هناك دينونتان، لكنك لم تشرح حتى الآن إلا واحدة. ما هي الدينونة الثانية ومتى ستحدث؟

يسوع:
الدينونة الثانية هي قيامة الأموات. نشير أبي وأنا إلى غير المؤمنين ب "بالأموات" لأنهم موتى بالنسبة لله، حتى لو كانوا أحياء على الأرض.

الأموات هم هؤلاء الذين إختاروا ألا يؤمنوا، أو يطيعوا أو يحبوني أنا ووصايا أبي. عندما يموتون، في لحظة عين سيقتادوا إلى الجحيم في عذاب، ألم ومعاناة، كما وصفت في قصة الغني ولعاذر.

سوف تحدث دينونة الأشرار في آخر الدهور. لهذا السبب أخبرتكم أن تذهبوا وتشهدوا للناس أن من يؤمن بي سينال غفران الخطايا.

الموت الأول بالنسبة لكل غير المؤمنين هو الموت الجسدي، حيث تذهب أنفسهم مباشرة إلى الجحيم منتظرين العذاب في وقت قيامة الأموات. حيث لم تغفر خطاياهم.

في قيامة الأموات من الجحيم، ستظهر نفوس المؤمنين أمامي وأمام القديسين الأبرار، قدام عرش الدينونة الأبيض العظيم. هذه هي الدينونة الفعلية لغير المؤمنين. عندما لا توجد أسماء غير المؤمنين مكتوبة في سفر الحياة، تدان أنفسهم تمهيدا للموت الثاني، الذي هو "بحيرة النار" كما وصفت في رؤيا 20 : 10-15. سيكون هذا هو مصيرهم طوال الأبدية.

بعض منكم يوجد أناس يدعون أنهم من أتباعي، لكنهم يختارون بقصد أن يؤمنوا ويلتزموا فقط ببعض، ليس كل، تعاليمي ووصاياي، وهم سوف يخسرون. يحبكم أبي كثيرا، لكن فشلكم في طاعتي ومحبتي وطاعة ومحبة وصاياي يختم على مصيركم الأبدي.
ستكون قد خدعت نفسك بتصديق أنك إبن الله. اسمك لن يوجد مكتوبا في سفر الحياة، وإن لم تتب عن خطاياك وتقبلني ربا ومخلصا وتستبدل حياتك القديمة بالحياة التي أعطيها في ملكوت السموات، ستكون بمثابة ميتا في نظر الله وسيكون مصيرك هو قضاء الأبدية في بحيرة النار، المعدة لأبليس وملائكته الأشرار.

الصحفي:
هل يوجد أي طريقة يمكننا من خلالها التأكد بأن أسمائنا مكتوبة في سفر الحياة؟

يسوع:
نعم، هناك طريقة. فسيدخل السماء فقط هؤلاء الذين يعملون مشيئة أبي الذي في السموات. فمن يفعل مشيئة أبي الذي في السموات هو أخي وأختي وأمي.
اليوم، هناك الكثير من الناس يدعون أنفسهم "مسيحيين" وهم بمعرفة يعيشون حياتهم في الخطايا. إنكم تخدعون أنفسكم عندما تفكرون أن أبي لن يمانع قليل من الخطايا. وضع كثير من الناس أنفسهم في مأزق خطير عبر إتباع هذه الكذبة! حيث تخدعهم قلوبهم. لأنه لا يمكن لأبي والخطية أن يجتمعا سويا.
"ليس كل واحد يقول أنا مسيحي وليس كل واحد يصرخ لي قائلا 'يا رب! يا رب!' يدخل ملكوت السموات. في يوم الدينونة سيأتي الكثيرون ويقولون لي 'يا رب! يا رب! لقد تنبأنا بإسمك وطردنا شياطين بإسمك وعملنا معجزات عديدة بإسمك' لكني سأجيب 'لم أعرفكم قط، إذهبوا عني، يا كاسري شريعة الله'" (متى 7 : 21 -23)
نحبكم أبي وأنا ونريد أن نقضي الأبدية معكم. الآن، يمكنكم إختيار تغيير قلوبكم وعقولكم قبل أن تموتوا أو قبل أن أتي لأختطف المؤمنين بي. كل ما تحتاجوا أن تقوموا به هو أن تتوبوا عن خطاياكم وأن تؤمنوا من قلوبكم أني أنا من قلت أني هو وأن تطلبوا مني أن أكون مخلصكم.
سيحدد إعتقادكم مصيركم الأبدي.
الحقيقة هي أنه يجب أن تتخذوا القرارات الصحيحة، اليوم، لأنه لا يوجد فرصة ثانية في الأبدية، لأنه عندما يموت الإنسان، يكون الأمر نهائي.
إنه إختيارك، أنا آت سريعا! وأجرتي معي، وسوف أجازي كل واحد حسب أعماله.

أنا؟ إني تقولون من

شكرا لك على قراءة هذا الكتاب، أملي وصلاتي هو أن يكون هذا الكتاب قد ساعدك لتتعرف على يسوع وعلى الآب. أتطلع لسماع شهادتك و / أو أي أراء قد تكون لديك بخصوص هذا الكتاب. إن ساعدك هذا الكتاب، رجاء حاول إعطائه كهدية لشخص آخر يريد أن يعرف الحقيقة عن الله.

داني كليفورد

كلمة المؤلف الأخيرة

أعتبر نفسي مثالا على غنى نعمة ورحمة الله التي توسعت وأظهرت لهؤلاء الذين كانوا خطاة وهؤلاء الذين كانوا أعداؤه. لأننا آمنا بيسوع وبكل ما يمثله، أصبحنا أولادا لله العلي.

عندما كنت صغيرا، تربيت في كنيسة صارمة، مؤمنة بالكتاب المقدس وكانت لدي خطط لأصبح راعيا وأعمل لأجل الله، لكن إنتهى بي الأمر هاربا منه. لقد خدمت إلها آخر، وهو إله إرضاء رغباتي، وإرضاء أسرتي التي أعطانيها الله. بدلا من وضع الله أولا في حياتي، كنت أسعى وراء النجاح كما كانت توصفه الشركات التي كنت أعمل لأجلها. لقد وضعت كل أولويات هذا العالم بدلا من الله.

في عمر 52، وبعد أن ضيعت عمري ساعيا وراء النجاح، الشهرة، الممتلكات الأرضية، وإرضاء شهواتي الأنانية، كسرني الله لدرجة كافية حتى أبدأ في الإستماع إليه.

لقد عانيت الطلاق، منهيا زواج إستمر لمدة 31 عاما. تبخر هدفي من عيش الحياة، لقد فشلت في أن أكون جيدا أمام الله، عائلتي، والآن أمام نفسي. فشلت في الحصول على كل شيء عشت لأجله. لقد كنت محطما روحيا وماليا.

بعد 40 عاما من الدوران في دوائر متكررة في البرية، عدت أخيرا إلى صوابي، وسألت نفسي "هل هذه هي الحياة التي علمتني أمي أن أحياها؟ هل هذه هي الحياة التي تصورت أنني سأخدم الرب فيها؟ هل حياتي مرضية لله؟" كانت الأجابة لا لكل هذه الأسئلة. كان من الواضح أنني عشت حياتي متخذا قراراتي وفقا لما أردت أن أفعله بدون مشاركة الله في أي من خططي. فكرت في العودة إلى الله، لكنني تساءلت هل سيسمح لي حتى أن أدخل ملكوته بعد أن عشت حياة فظيعة، مليئة بالخطية لمدة 40 عاما.

لذلك، بدأت أبحث في الكتاب المقدس لأرى إن كان الله قد قال أي شيء عن شخص خاطيء مثلي. قرأت أن المسيح أحبني لدرجة أنه أتى إلى الأرض كالله الظاهر في الجسد ومات من أجلي، حتى تغفر خطاياي إن إعترفت بها لله. لقد قال يسوع أنه مهما كانت الخطايا التي فعلتها فهو سوف يغفرها لي، حتى لو كانت سرقة، كذب، خيانة زوجية، مثلية جنسية، مشاهدة المواد الإباحية، طلاق، كراهية، معاملة الناس بطريقة سيئة، وحتى عدم محبة الله وعدم طاعة وصاياه

ومباديء خليقته. مهما كانت الخطايا التي اقترفتها، فإن الله سيغفرها لي طالما تحولت عن طرقي الرديئة وتبت وبحثت كيف أرضيه.
منذ ثلاثة عشر عاما، بقلب مليء بالحزن، العار، والأسف، ركعت على ركبتي في حجرة المعيشة. وضعت سيجارتي بعيدا، ودفعت كأس الشراب. بدون أن أعرف كيف أصلي، صليت صلاة بسيطة. طلبت من الله أن يغفر لي خطاياي التي تذكرتها وتلك التي لم أتذكرها، وإقبلني كما أنا. لقد صارعت مع الله حتى لا يرجعني خائبا بسبب ما كنت أفعله في حياتي الماضية، لكي يطهرني ويغسلني بدم المسيح، حتى أكون نظيفا لأخدمه. كنت مستعدا لفعل أي شيء، طالما سيسمح لي بأن أكون إبنه. طلبت من الله روحه القدوس أن يأتي ويحل في وأن يعطيني القوة لأعيش وأفعل مشيئته.
بدأت أخبر الله أنني لست مستحقا أن أكون إبنا في ملكوته، لكن قبل أن أقول أي شيء، شعرت بتلك اليد الكبيرة، القوية والدافئة تحيطني. لم أشعر بهذا النوع من الدفء من قبل. لقد حل علي كاملا روح الله القدوس. لقد قبلني الله قبل أن أستطيع إكمال الجملة. أصبحت حر من خطاياي - لقد كان الأمر مثل ركوب الريش الدافيء في جناح النسر.
قال الله "لقد غسلتك وطهرتك بدم يسوع. لقد وضعت ملابس نظيفة عليك وأعطيتك حذاء جديدا لتنتعله. أنت إبني. أنا معك. لقد ختمتك بختم الروح القدس، الذي سيكون دائما معك ويعلمك كل الأشياء.
"يجب أن تحبني، تطيعني، وأن تسير دائما في طرقي. لن أجرحك أبدا، ولن أتركك أبدا. ستكون تلميذا وتعلم الآخرين الأخبار السارة عني وكيف يكونوا تلاميذ. سأكون معك إلى نهاية الزمان."
لقد جاء الوقت لتقع في علاقة حب عميقة مع يسوع.
تذكر ما قاله لك: "أنظر، فأنا آت سريعا، وأجرتي معي، وسأجازي كل واحد حسب أعماله." رؤيا 22 : 12

إن ساعدك هذا الكتاب، رجاء حاول إعطائه كهدية لشخص آخر يريد أن يعرف الحقيقة عن الله.
تواصل معي حول شراء هذه الكتب بتخفيض خاص لتستخدمها كأداة تبشيرية لربح النفوس ليسوع. الإيميل الخاص بنا هو:
وأخبر الآخرين عن هذا الكتاب والكتب الأخرى التي كتبها المؤلف داني كليفورد.
Lost Behind Enemy Lines: Saved by a Secret Weapon
من يقول الناس أني أنا (هذا الكتاب)
Coming soon All or Nothing, Enter Through the Narrow Gate
Visit our Website at **http://www.dannycliffordauthor.com**

لقد عينني الله كمبشر. حينما أعلم "الأخبار السارة لأنجيل يسوع" يستخدمني الروح القدس كما يريد. مهما كان ما يريده الروح القدس، في اللحظة التي أبشر فيها، فقد يستخدمني أنا أو أي شخص آخر لتتميم ما يريده الآب أن يحدث.

أنا متاح وأود أن أتي وأشاركك وأشارك كنيستك التعاليم التي وضعها الروح القدس في قلوبنا لكي نخدم بها الكنيسة، في هذه الأيام الأخيرة.

ميتشيل، زوجتي العزيزة وهي أفضل أصدقائي وهبت من قبل روح الله القدوس موهبة التنبؤ وموهبة الصوت الجميل والروح الذي يجمع فيما بين الناس لعبادة الله.

ميتشيل أيضا، وحسب ما يسمح جدول أعمالها، تود أن تأتي وتتلمذكم. فهي تحب بالتأكيد أن ترضي الله، وتحب أن تخدمه.

ننتظركم أن تتواصلوا معنا لكي نأتي ونساعدكم لتكونوا نفوسا فائزة في ملكوت السموات ولتلمذتكم للمسيح يسوع، كما انتوى الله وصمم خدمة Five-fold ministries لتنمي الكنيسة.

تواصلوا معنا اليوم.

الإيميل الخاص بنا.

<u>فليباركك الرب لتنمو وتفعل مشيئة الآب.</u>